vê se Cresce, P*RRA!

Outros livros de Sarah Knight

A MÁGICA TRANSFORMADORA DO F*

GET YOUR SH*T TOGETHER

YOU DO YOU

CALMA AÍ, P*RRA!

NÃO, P*RRA!

NO F*CKS GIVEN

THE LIFE-CHANGING MAGIC OF NOT GIVING A F*CK JOURNAL

GET YOUR SH*T TOGETHER JOURNAL

CALM THE F*CK DOWN JOURNAL

vê se Cresce, P*RRA!

como ser adulto e ser tratado como tal

sarah knight

ALTA BOOKS
GRUPO EDITORIAL
Rio de Janeiro, 2024

Vê se cresce p*rra

Alta Life é um selo da Editora Alta Books do Grupo Editorial Alta Books (STARLIN ALTA EDITORA E CONSULTORIA LTDA).

ISBN: 978-85-508-2362-1

*Translated from original Grow the f*ck up. Copyright © 2023 by MCSnugz, Inc. ISBN 9780316473224. This translation is published and sold by Little, Brown and Company the owner of all rights to publish and sell the same. PORTUGUESE language edition published by Starlin Alta Editora e Consultoria Eireli, Copyright © 2024 by* STARLIN ALTA EDITORA E CONSULTORIA LTDA.

Impresso no Brasil — 1ª Edição, 2024 — Edição revisada conforme o Acordo Ortográfico da Língua Portuguesa de 2009.

Dados Internacionais de Catalogação na Publicação (CIP)
(Câmara Brasileira do Livro, SP, Brasil)

Knight, Sarah
Vê se cresce, p*rra! / Sarah Knight ; tradução Daniel Edgardo Salgado. -- Rio de Janeiro : Alta Books, 2024.

Título original: Grow the f*ck up : how to be an adult and get treated like one
ISBN 978-85-508-2362-1

1. Adultos - Conduta de vida 2. Jovens - Conduta de vida 3. Maturidade I. Título.

24-203689 CDD-305.242

Índices para catálogo sistemático:

1. Adultos : Maturidade : Sociologia 305.242

Cibele Maria Dias - Bibliotecária - CRB-8/9427

Alta Life é selo do Grupo Editorial Alta Books

Produção Editorial: Grupo Editorial Alta Books
Diretor Editorial: Anderson Vieira
Editor da Obra: Ibraíma Tavares
Vendas Governamentais: Cristiane Mutüs
Gerência Comercial: Claudio Lima

Produtor Editorial: Thales Silva
Tradução: Daniel Salgado
Copidesque: Isabella Veras
Revisão: Denise Himpel
Diagramação: Joyce Matos

ALTA BOOKS
GRUPO EDITORIAL

Rua Viúva Cláudio, 291 — Bairro Industrial do Jacaré
CEP: 20.970-031 — Rio de Janeiro (RJ)
Tels.: (21) 3278-8069 / 3278-8419
www.altabooks.com.br — altabooks@altabooks.com.br
Ouvidoria: ouvidoria@altabooks.com.br

Editora **afiliada à:**

ASSOCIADO

Para Robert Ray Knight

Você vai aprender esses palavrões algum dia, garoto.

Muito provavelmente de mim.

Sumário

II

APENAS PARA MAIORES DE IDADE: Autoconsciência, autocontrole e comportamento adulto em sua melhor forma **69**

Agradecimentos

Não tenho certeza se é preciso uma aldeia inteira para publicar um livro, mas sei que é necessária uma equipe de gênios incrivelmente inteligentes, criativos e empreendedores que adoram ser punidos — mas de qualquer maneira, entre as minhas equipes na CAA (anteriormente ICM Partners) e na Hachette Book Group, tenho o melhor e mais sofredor esquadrão ao meu lado. *Vê se cresce, p*rra!* é o nosso décimo (!) livro juntos, e a todos eles — assim como aos livreiros e leitores que mantiveram a máquina do F*da-se funcionando todos esses anos — eu digo: Ops!... Nós fizemos de novo.

(e OBRIGADA.)

Minha agente, Jennifer Joel, é de longe a pessoa mais adulta em todos os lugares, e sou extraordinariamente sortuda por tê-la como amiga, defensora e "contato" em muitos restaurantes de alta qualidade na cidade de Nova York. Ela é verdadeiramente uma ameaça tripla.

Meu editor, Michael Szczerban, da Voracious, é inteligente, engraçado e gentil, que são as minhas três qualidades favoritas em qualquer ser humano, ainda mais em alguém cujo trabalho é me dizer tudo o que estou fazendo de errado e me ajudar a melhorar. Seu grande e belo cérebro deixou sua marca em cada página de cada Guia F*da-se.

Na Quercus Books, ganhamos uma nova parceira de crime, Zöe Blanc, que ajudou a levar o *Vê se cresce, p*rra!* ao Reino Unido e à Irlanda, enquanto minha editora de longa data, Jane Sturrock, estava ocupada introduzindo um novo futuro leitor ao mundo. Obrigada por todos os seus esforços, Zöe, e desculpe ter sido eu a responsável por lhe apresentar ao conceito de "ass on a cracker".

Quanto ao restante dos *Adultos de Verdade* que passaram seus dias fazendo este livro acontecer (e, na maioria dos casos, muitos outros NFGGs também), toda a minha gratidão vai para essas pessoas incríveis: Sindhu Vegesena, Lindsay Samakow, Loni Drucker, e Josie Freedman da CAA. Thea Diklich-Newell, Juliana Horbachevsky, Jessica Chun, Ben Allen, Barbara Perris, Craig Young, Brandon Kelley, Laura Mamelok, Zoe Morgan-Weinman, Bruce Nichols, Kini Allen, Melissa Mathlin e Stacey Schuck, da Voracious/Little, Brown; Lisa Cahn e Michelle Figueroa, da Hachette Audio. Agradecimentos especiais à designer freelancer recém-contratada Lauren Harms por emprestar seus talentos consideráveis (e caligrafia) a cada Guia F*da-se, incluindo a magnífica atualização completa da lista de títulos que estará disponível em breve nas livrarias perto de você.

Agradeço a Ana McLaughlin, Lisa Gooding, Lipfon Tang, Dave Murphy, Katy Follain e Jon Butler, da Quercus; assim como à querida Charlotte Fry, que foi embora (da editora, não deste mundo), mas que nunca deixou um e-mail meu sem resposta por mais de dez segundos. Saudades, Charlotte! E muitos agradecimentos a Luke Bird, Andrew Smith e Tash Webber por criarem e produzirem a capa super legal da versão do Reino Unido, sobre a qual todas as crianças estarão comentando em 2023.

Também sou incrivelmente sortuda por ter tido o contínuo apoio das equipes da Hachette do Canadá, da Irlanda, da Austrália e da Nova Zelândia, assim com das mais de trinta editoras em todo o mundo que têm espalhado a nossa palavra nas traduções, livro por livro, desde 2015. Muito obrigada a todos vocês, e por favor saibam que eu valorizo todos os exemplares, em todos os idiomas, em todos os países. E, da mesma forma, todos os leitores.

Um salve para minhas tias descoladas, que me ensinaram bem: Rayette, Felícia, Nella e Donna.

Penúltimo, mas não menos importante: obrigada aos meus pais, Tom e Sandi Knight, cuja sabedoria coletiva permeia estas páginas, bem como ao meu irmão, Tom, e à minha cunhada, Becky, por me fornecerem, na forma de meu sobrinho, Robert, a inspiração definitiva para um livro sobre como crescer. Vida longa a ele!

E, finalmente, como sempre, obrigada ao meu suprimento pessoal e perpétuo de recompensa e alívio: o inigualável Judd Harris.

Sobre a autora

GEORGE TOWNLEY

O primeiro livro de Sarah Knight, *A mágica transformadora do F**, foi publicado em mais de trinta idiomas, e sua palestra no TEDx, "A magia do F*", tem mais de 10 milhões de visualizações. Muitos dos livros de sua série *No Fucks Given Guides* foram best-sellers internacionais, incluindo *Get Your Sh*t Together* [sem tradução no Brasil], que esteve na lista dos mais vendidos do *New York Times* por dezesseis semanas. Depois de deixar seu emprego corporativo em 2015 para seguir uma vida freelance, ela se mudou do Brooklyn, em Nova York, para a República Dominicana, onde atualmente reside com o marido e dois gatos resgatados: Gladys Knight e Mister Stussy.

Você pode ler mais sobre ela e se inscrever para receber sua newsletter em sarahknight.com [conteúdo em inglês], e seguir sua página, @sarahknightauthor, no Instagram, Facebook e Tik-Tok ou @MCSnugz, no Twitter.

É hora de crescer!

Uma coisa legal sobre ser adulto é que esse é *o* único objetivo compartilhado por todos os bebês que já nasceram, o que significa que estamos realmente todos juntos nisso. E sabe o que é ainda mais legal? Todo mundo que você conhece está torcendo para que MANDE BEM na vida adulta.

Seus pais, avós, professores e treinadores sempre quiseram vê-lo prosperar, e seus amigos têm torcido dos bastidores enquanto vocês prosperam juntos como adultos — desde ao obterem carteiras de motorista e empregos até potencialmente se casarem e se estabelecerem, bem como um dia, talvez, verem seus filhos se divertirem juntos também. (Ou, se você for como eu, ao observar de longe os filhos dos seus amigos, enquanto saboreia uma margarita na piscina somente para adultos.)

É emocionante crescer! Também pode ser intimidante, dado que a entrada na terra dos privilégios e bebidas para adultos exige que você seja capaz de pensar por si mesmo, de se sustentar e de se cuidar, em grande parte independentemente da rede de apoio que o trouxe até aqui. Essas pessoas não entrarão em combustão espontânea no dia em que você se desfizer legalmente da infância, mas elas têm muitas coisas emocionantes/intimidantes com que lidar, então, em um certo ponto, é preciso se sentir confortável em cuidar das suas merdas de adulto *sozinho.*

E isso vale para os dois lados. Por mais que seus entes queridos queiram que VOCÊ esteja estável e feliz e chegue na hora certa para o jantar, você espera o mesmo para eles (e deles). Seus colegas de trabalho dependem de você para trabalharem, e vice-versa. Seus vizinhos esperam que seja um membro respeitoso da comunidade, e você, espera o mesmo retorno. E a pessoa que trabalha no balcão da delicatéssen durante o horário de almoço certamente apreciaria se você soubesse seu pedido quando chegar ao início da fila — assim como você apreciará quando ela acertar seu sanduíche.

Como eu disse, estamos todos juntos nisso, então TODOS nos beneficiamos ao liderar pelo exemplo.

Este livro o ajudará a ser o adulto que você deseja ver no mundo. E embora ele não contenha instruções passo a passo para trocar o fluido dos limpadores de para-brisa ou declarar seus impostos (desculpe, isso é por sua conta), mostra como desenvolver as habilidades e dominar a mentalidade que torna você o tipo de pessoa que entende por que certas coisas precisam ser feitas e que é mais do que capaz de lidar com isso.

Por conta própria.

Como um adulto.

O que é bem legal.

* * *

Então vamos começar com você, jovem. (Posso chamá-lo de jovem? Tem um toque tão alegre.) O que o trouxe às primeiras páginas de um livrinho obsceno sobre como crescer?

Talvez você seja **um jovem trabalhador que busca uma vantagem inicial para enfrentar e abraçar o amplo mundo adulto.** Se sim, isso é incrível, e estou aqui para isso. (E, se você é um pai em busca do presente de formatura perfeito para esse jovem, prometo que ele estará em boas mãos.)

Talvez **faça pouco tempo que está por conta própria, e você tenha começado a se arrepender por não ter prestado tanta atenção no Tempo Que Já Foi** — na época em que os elfos mágicos abasteciam as prateleiras com cereais, dobravam suas roupas e ofereciam conselhos sábios sobre términos e dias ruins. Era bom, né?

Por outro lado, talvez você **não tenha tido ótimos modelos/duendes mágicos** enquanto crescia, e não havia muito em que prestar atenção nos aspectos de ensino, orientação e apoio. Se **as circunstâncias o forçaram a entrar na vida adulta despreparado,** e você tem se esforçado desde então nesse sentido, saiba que simpatizo com as suas lutas e confio que podemos deixá-las para trás.

Ou talvez **você esteja nessa há um bom tempo mesmo... e obtendo resultados mistos**. Passando por mais dias ruins do que bons ultimamente, o que está levando ao declínio da sua confiança nas suas habilidades de adulto? Não se preocupe, isso acontece com os melhores de nós! Vamos colocá-lo de volta nos trilhos, *Boomer*.

De qualquer forma, fico feliz em dizer que você veio ao lugar certo — porque projetei o *Vê se cresce, p*rra!* para **QUALQUER UM** que precise de **QUALQUER AJUDA**, em **QUALQUER IDADE**, para elevar seu jogo como adulto.

> É para **adolescentes precoces** e **recém-formados** e **pessoas na casa dos 20** que podem ter saído da zona de alcance dos pais, mas ainda estão agarrados aos cartões de crédito, planos de celular e contas da Netflix.
>
> É para **pessoas de 29, 35 e 41 anos** que estão sobrevivendo, mesmo que não estejam necessariamente prosperando; também conhecidos como **Elder Millennials** (*millennials mais velhos*) e **Geração X** que se beneficiariam com um curso básico de atualização de Ser Adulto (e que vão apreciar todas as minhas referências à cultura pop dos anos 90 como um agrado).

E é para **os que estão na meia-idade vagando sem rumo** e **os pré e pós-aposentados,** porque... POR QUE NÃO, PORRA?*. Eu não quero que ninguém se sinta excluído só porque precisa rolar a tela por trinta segundos para encontrar a sua data de nascimento em uma lista.

Nunca é tarde demais para adquirir (ou reviver) um monte de habilidades de vida de primeira qualidade. Sério, quem vai reclamar se você de repente se tornar mais educado, confiável, autoconsciente, autossuficiente e simplesmente incrível? Aposto que não serão seus amigos, família, parceiro, colegas de trabalho ou chefe. E com certeza não serei eu, que apreciaria se mais pessoas de todas as idades que encontro em um dia qualquer fossem um pouco menos irresponsáveis e muito mais maduras. Só para constar.

E você chegou até aqui, então vamos colocar todas as suas cartas na mesa. Com que frequência pensa consigo mesmo:

Eu poderia ter planejado isso..., mas não planejei.

Esperei que outra pessoa cuidasse disso..., mas ela não cuidou.

Não estou lidando muito bem com isso... DE JEITO NENHUM.

Se as respostas estão em algum lugar ao sul de *Nunca*, então acho que você ficará feliz por ter aparecido nesta festa.

* *Por que não, p*rra?* é o livro que planejo escrever quando tiver 80 anos e estiver aproveitando minhas quartas-feiras com uma taça de Pinot e um pirulito de cannabis em um cat café adorável no 11º *arrondissement*. Fique ligado.

Dores de crescimento? Melhor dizer GANHOS de crescimento.

Fazer o seu caminho no mundo — em qualquer idade, e especialmente quando ninguém mais é legalmente ou moralmente obrigado a ajudá-lo — pode ser complicado, com certeza, *no diggity**. Mas **as recompensas de agir como adulto de forma sábia e bem-sucedida são numerosas** e valem o esforço que você precisa fazer para desbloqueá-las agora e desfrutar delas para sempre.

Claro, ser adulto tem seus desafios — com todas as contas e empregos e contas e busca por apartamentos e contas e aplicativos de namoro e contas e serviço de júri e contas e troca de fraldas e contas e assim por diante até você morrer.

Buá!

Mas adultos *também* podem dirigir, votar, planejar as próprias férias, pedir mojitos legalmente, ficar acordados até tarde e comer Doritos no jantar sempre que der na telha. E, se você viver tempo suficiente para atingir o status de cidadão sênior, muitas sociedades acharão adequado recompensá-lo com ingressos de cinema pela metade do preço e refis gratuitas de chá gelado.

Oba!

E os *adultos* de verdade — aqueles que são responsáveis e emocionalmente maduros; não apenas aqueles com um mínimo de 18 anos no currículo — podem desfrutar de tudo isso e muito mais. Eles têm relacionamentos saudáveis, habilidades práticas, boas re-

* Salve, crianças dos anos 90!

putações e perspectivas de carreira sólidas. Sabem se virar com carrinhos de queijo chiques e dar prazer ao parceiro de forma altruísta e têm SEMPRE pelo menos uma camisa limpa disponível.

Que mágico!

Isso mesmo, pessoal: essa coisa de ser adulto não é tão ruim assim. Especialmente quando você é *bom* nisso.

Além disso, dizer "adeus" à feliz ignorância da juventude e "olá" às responsabilidades de envelhecer pode, superficialmente, até parecer uma chatice... mas NÃO PRECISA SER. Na verdade, **existem muitas maneiras sorrateiramente simples de tornar toda a vida adulta MAIS FÁCIL e MAIS AGRADÁVEL,** garantindo um trajeto muito mais tranquilo para aproveitar aquelas ofertas especiais para idosos.

E eu vou te mostrar como.

Ah é? Você não é a minha mãe!

Touché! Mas entendo. Você tem o direito de perguntar o que me qualifica para ser sua guia no processo de amadurecimento. E quero que se sinta confiante em relação ao nosso tempo juntos, então permita-me apresentar minhas credenciais:

Em 2015, quando eu tinha 36 anos, deixei minha primeira carreira como editora de livros em uma grande editora na cidade de Nova York e segui meu caminho como freelancer. Queria escapar das desagradáveis políticas de escritório, ser minha chefe e mudar para uma ilha tropical onde nunca mais fosse obrigada a usar calças para trabalhar. Então (talvez não surpreendentemente), tive a ideia para o meu primeiro livro, *A Mágica Transformadora do F**, que ensinava a arte da "limpeza mental" e se tornou um best-seller em todo o mundo. Hoje eu moro na República Dominicana e tenho uma série inteira de livros de autoajuda com palavrões no currículo, uma palestra TEDx com 10 milhões de visualizações e um podcast que alcançou o primeiro lugar nas paradas de Educação da Apple, o que foi legal.

Ao longo do caminho, fiquei conhecida como **"a antiguru"**, e a revista *Elle* me descreveu uma vez como "uma mistura de Amy Schumer e Oprah", o que deve lhe dizer tudo o que você precisa saber sobre como atuo.

Meus Guias F*da-se (NFGGs, para abreviar) ajudaram milhões de leitores a ligarem um "foda-se" melhor e menos frequente (*A Mágica Transformadora do F**); a se organizarem (*Get Your Shit Together*, [sem tradução no Brasil]); a abraçarem suas idiossincrasias (*You Do You*, [sem tradução no Brasil]); a controlarem sua ansiedade (*Calma Aí, P*rra!*); e a estabelecerem limites fortes (*Não, P*rra!*)*. E para ser sincera, pensei em parar por aí para poder seguir para a minha terceira carreira como dona de gatos profissional, mas então, em 2020, algo aconteceu que me fez reconsiderar.

Naquele verão, devido à sorte e aos meses de desemprego e isolamento do início da pandemia em um apartamento minúsculo, meu irmão e minha cunhada anunciaram que teriam um filho. O que significava que, em breve, eu seria tia pela primeira vez.

* *Vê se cresce, p*rra!* contém um pouco de tudo isso, mas prometo que não estou tentando bancar a esperta e convencê-lo a pagar um remix meia-boca. Posso ter um senso de humor sujo, mas também tenho integridade.

Que coisa, né.

Eu tive a sorte de ter algumas tias fabulosas enquanto crescia, e parecia que um bastão estava sendo passado para mim. Isso me fez pensar, *o que posso oferecer a esta próxima geração de Knights, além dos obrigatórios macacões engraçados, vale presente de aniversário e de Natal e primeiro bong?*

Aqui devo observar que, embora eu possua o que acredito serem muitas — MUITAS MESMO — noções valiosas para encorajar jovens humanos impressionáveis a florescerem como membros funcionais da sociedade adulta, não tenho filhos, então tenho historicamente evitado compartilhar essas noções com os filhos de outras pessoas. Principalmente porque entendo que "não é legal oferecê-los espontaneamente" e não desejo levar um soco na garganta ou ser excomungada por meus amigos pais.

Por um lado, lá estava meu irmão, pronto para trazer outra criança ao mundo, e eu sabia que deveria evitar dar palpites sobre sua criação. Mas por outro lado, bom, qual é a vantagem de ter uma antiguru best-seller na família se você não pode ter acesso privilegiado às melhores práticas para enfrentar os desafios diversos e variados da vida?

UMA *TIA*-GURU, SE ME PERMITE.

Foi aí que o *Vê se cresce, p*rra!* começou a ganhar forma. Eu pensei que, se colocasse meus conselhos sobre ser adulto em um livro disponível para qualquer pessoa que escolhesse lê-lo, ninguém teria motivo para se sentir incomodado — e, além do meu sobrinho, eu poderia ajudar um monte de adultos atuais E futuros a levarem a vida do melhor jeito. (Além disso, meu marido realmente não gosta da ideia de eu ser uma dona de gatos profissional.)

E assim, este livro foi inspirado por Robert Ray Knight e é dedicado a ele. Meu sobrinho estará com apenas 2 anos quando o livro sair, mas o garoto é muito avançado para sua idade e espero que o folheie em pouco tempo. Ou pelo menos o mastigue.

Enquanto isso — e mais imediatamente —, espero que isto ajude VOCÊ a navegar na vida adulta com um pouco mais de facilidade, muito mais prazer, uma apreciação pelas vantagens do pensamento crítico, uma cornucópia de habilidades de comunicação e enfrentamento, bem como uma porrada de cabides para manter todas as suas camisas longe do chão.

Sério, *todas*. Não é tão difícil assim.

Se a Tia Sarah fez um bom trabalho, então um dia, em breve, nem você nem o Robert vão precisar mais de mim. Estarão por aí, **dando o seu melhor como adultos responsáveis — em casa, no trabalho, nos relacionamentos, na saúde, nas finanças e muito mais** — e se tornando os arquitetos da própria felicidade e sucesso. E então vocês podem retribuir e ajudar a geração seguinte a fazer o mesmo.

Claro, se a humanidade perdurar até lá.

Opa.

O *MODUS OPERANDI* DO VSCP

A esta altura, você pode estar pensando: *Ok, "Tia Sarah", eu vou participar da brincadeira. Mas o que significa "ser um adulto" afinal?*

Boa pergunta, e fico feliz em ver que você já está interagindo com o material. Tome aqui uma estrela de ouro! E vamos chegar lá. Mas, primeiro, vamos dar uma olhada em algumas das respostas que recebi da pesquisa anônima que conduzi antes de começar a escrever o livro. Faço isso com todos os meus NFGGs, porque isso me ajuda a avaliar as maiores preocupações dos meus leitores e direcionar o material para o que vocês precisam, em vez de abordar apenas o que *eu* sinto a necessidade de dizer. (Embora também vá tratar de muitas coisas que acho necessário falar. Veja: MUITAS MESMO.)

De qualquer forma, acredito que se passarmos por algumas das perguntas e respostas de cara, isso lhe mostrará que a) você não está sozinho em suas dificuldades para ser um adulto, e b) não estou apenas falando besteira nas próximas trezentas páginas. Minha primeira pergunta foi:

O que ser um adulto significa para VOCÊ?

A maioria das respostas obtidas foram alguma variação de "ser responsável" e "ser um membro produtivo da sociedade" — mencionando especificamente coisas como gerenciar suas finanças, cuidar de entes queridos e servir às próprias comunidades. Legal, legal.

Uma boa parte apontou para objetivos mais existenciais, como "controlar minha resposta emocional", "dar um bom exemplo" e "aprender a ser mais consciente quanto ao que realmente importa". Parece bom.

E algumas respostas foram mais pessoais e específicas (e ocasionalmente engraçadas), mas ainda assim indicativas da diferença entre ser um adulto apenas pela idade e um verdadeiro adulto profissional — como "tomar vitaminas", "criar filhos que não sejam babacas" e "saber como usar papel filme sem querer jogá-lo pela sala em um acesso de raiva". (Estou adicionando essa última à minha lista de tarefas de adulto, a propósito. Sempre há espaço para melhorias.)

Minha resposta favorita foi esta: "Ser um adulto significa que, quando algo ruim acontece, eu paro de procurar por um adulto mais adulto para resolver o problema." Isso realmente diz tudo, pessoal. Até o final deste livro, quero que VOCÊ seja o adulto mais adulto de todos. (Quero dizer, além de mim, é claro.)

Também fiz perguntas assim:

Cite algo que seus pais* lhe ensinaram e que você acredita que realmente o ajudou na vida.

* Nota: Ao longo do *Vê se cresce, p*rra!* usarei termos como "pais", "mãe" e "pai" para abranger todos os tipos de guardiões e figuras de autoridade, como avós, professores, treinadores, freiras, babás etc. Entendo que nem todos têm uma configuração familiar nuclear padrão e, se esse for o seu caso, espero que não se sinta excluído pela minha necessidade ocasional de generalizar para agilizar as coisas.

Integridade e ética de trabalho foram classificados como importantes; mas, para a pessoa que disse "Nada, rsrs, meus pais eram péssimos", entendo você e estou aqui para ajudar.

O que seus pais *não* lhe ensinaram, e você gostaria que tivessem ensinado?

Responsabilidade financeira, autocuidado, cuidado com a saúde mental e habilidades de relacionamento surgiram com frequência. (Assim como aparecerão na parte III deste livro...)

E, só por diversão, perguntei:

Se você *não* é pai, o que você gostaria que outras pessoas ensinassem às crianças?

Boas maneiras, bondade e responsabilidade foram as principais opções. Além disso, várias pessoas que responderam à pesquisa aproveitaram a oportunidade para lamentar que as crianças são MUITO BARULHENTAS, uma observação com a qual eu concordo entusiasticamente.

(Sobre isso: Sei que pode ser difícil controlar o volume interno dos pequenos, mas se pudesse pedir a qualquer pai que possa estar lendo isto que, pelo menos, não ensine seus pequenos a brincar de "Marco Polo" em uma piscina pública, eu consideraria isso um presente generoso para mim e para toda a humanidade. Muito obrigada!)

Com essas e muitas outras ótimas visões/pedidos de ajuda em mãos, a próxima tarefa foi organizar minhas descobertas. E assim, meus queridos pirralhos, depois de analisar todos os dados — também conhecido como "rolar a tela por um enorme Formulário do Google enquanto sentada no meu sofá comendo uma tigela de Doritos" — aqui está:

O que *significa* ser um adulto — também conhecido como o *modus operandi* do *Vê se cresce, p*rra!*, doravante chamado de MO do VSCP.

O MO DO VSCP

MATURIDADE

+

RESPONSABILIDADE

+

RESPONSABILIZAÇÃO

Em termos gerais, executar o MO do VSCP inclui o seguinte:

Ser MADURO

ao ser honesto, educado, respeitoso, gentil, consciente de si mesmo etc.

Essas qualidades estão relacionadas ao comportamento.

Ser RESPONSÁVEL

ao ser autossuficiente e engenhoso, planejar com antecedência, ser confiável etc.

Essas qualidades estão voltadas para a ação.

Ser RESPONSABILIZADO

ao ser capaz de aceitar críticas, pedir desculpas, aprender com seus erros etc.

Essas qualidades combinam **comportamento maduro** E **ação responsável.**

Quando você adere ao MO do VSCP, está oficialmente **sendo um adulto** — o que cria um ciclo virtuoso que o leva a **também *ser tratado como* um adulto**.

Você receberá liberdade, autonomia, respeito e confiança de todas as outras pessoas em sua vida que apreciam seus esforços para ser maduro, responsável e responsabilizado. Sim:

Liberdade

Autonomia

Respeito

Confiança

Isso é apenas um pouco do que tem a ganhar em troca de ser um adulto maduro que definitivamente não está rindo desse acrônimo*.

Agora você recebeu suas ordens, e passarei o resto deste livro lhe explicando como segui-las para o seu bem E para o bem de todos os outros.

Faremos isso voltando ao básico... com um toque especial.

Porque sim

Se você deu uma olhada no sumário e viu coisas do tipo "Escove os dentes" e "Coma seus legumes", pode ter pensado que foi enganado por um livro que é uma ladainha de conselhos. EU LHE ASSEGURO, VOCÊ NÃO FOI. Os títulos dos capítulos são, em sua maioria, minha ideia de um truque organizacional divertido — e, de qualquer forma, não me tornei uma anti/tia-guru best-seller à toa, sei entregar um regime de autoaperfeiçoamento intimidante com inteligência e estilo. Toda essa experiência será como se eu estivesse acrescentando vegetais escondidos no seu smoothie. (Ou na sua pizza, que é mais o meu estilo.)

Vou apenas usar essas advertências e decretos parentais como pontos de partida e, em seguida, virá-los de cabeça para baixo e de dentro para fora para revelar as ótimas e gloriosas aplicações práticas que eles contêm — não apenas para "não ser punido" e "ser um

* N. T.: Em inglês, as iniciais das palavras em questão formam o acrônimo FART (PEIDO). Ao traduzir para o português, esse jogo de palavras se perde.

cidadão exemplar do mundo", mas para "**conseguir o que VOCÊ quer e tornar SUA vida MAIS FÁCIL e AGRADÁVEL**".

Parte I: Diversão é fundamental oferece uma espiada em um monte de vantagens em ser adulto e algumas ferramentas e estratégias-chave para alcançá-las.

Parte II: Apenas para maiores de idade mostra como você pode melhorar o seu comportamento como adulto *e* tirar o maior proveito disso.

Parte III: Com grandes responsabilidades vêm grandes poderes é um guia para todas as estratégias práticas que podem ajudá-lo a fazer as coisas acontecerem e abrir portas, tanto pessoal quanto profissionalmente.

Então, por último, mas certamente não menos importante —

Parte IV: Desculpe, erro meu demonstra várias maneiras de se responsabilizar e explica por que essas são as habilidades mais essenciais — e impressionantes — de todas para adultos.

E isso é apenas uma pequena prévia do nosso trajeto. No final do livro, você será capaz de:

- Praticar a autoconsciência e manter o autocontrole;
- Pedir o que você quer de uma maneira que aumenta suas chances de obtê-lo;
- Orquestrar os melhores resultados possíveis para você mesmo...;
- ... e lidar com os piores;

- Usar hábitos e incentivos para tornar o ser adulto mais fácil e agradável;
- Ir de totalmente dependente para gloriosamente *in*dependente E *confiável*;
- Arrasar no autocuidado;
- Pedir desculpas com elegância;
- E muito mais!

Além disso, entre todos os guias práticos e as razões filosóficas do porquê-você-deve-querer-fazer-isso, vou jogar muitas das minhas melhores e hiperespecíficas **Dicas Pró-adulto** para garantir. Tia Sarah pretende mandar vocês para fora de casa com confiança, entusiasmo *e* uma garrafa de Goo Gone para manter embaixo da pia. Essa porra faz MÁGICA.

E então, o que você acha? Agora, vê se faz aquela sua cara de determinação, veste suas roupas de adulto e cresce, p*rra!

Vai ser divertido. Eu prometo.

1

DIVERSÃO É FUNDAMENTAL:

Pontos básicos e dicas iniciais para colocar você num ritmo adulto

Antes de entrarmos na descrição detalhada de como se tornar mais maduro (parte II), responsável (parte III) e responsabilizado (parte IV), há **alguns conceitos-chave** que eu quero abordar e vão te preparar para crescer com estilo.

Primeiro, vou guiar você **pela evolução da maturidade** e destacar **as diferenças entre Bebezões e Adultos de Verdade**. Depois, vou ajudá-lo **a encontrar a sua o MO-tivação para seguir o VSCP** e lhe mostrar a primeira de muitas maneiras fáceis de se tornar um ADV, **aprendendo uma nova versão do ABC.**

Depois disso, passaremos à **mãe de todos os princípios orientadores — as CONSEQUÊNCIAS** — e a uma maneira simples de fazê-las funcionar a seu *favor* em vez de *contra* você. Antecipe! Orquestre! Xeque-mate! Em seguida, vamos dar uma **volta no Ciclo PCE**, o qual incorpora mais três habilidades que sustentam praticamente todas as ações e comportamentos adultos: **pensamento crítico, comunicação e enfrentamento**. Esses coleguinhas vão aparecer ao longo de todo o livro, então acostume-se com eles.

Vou encerrar a parte I com **algumas dicas super práticas para você subir de nível no seu jogo de vida adulta** e uma nova entrada na minha popular série de fluxogramas: **"Estou agindo como um adulto de verdade?"**, o que abrange todos os nossos princípios fundamentais (e ainda outros).

Cola comigo, jovem, vou te levar para lugares incríveis!

A evolução de um Adulto de Verdade

Se você me conhece, sabe que adoro estabelecer parâmetros. ADORO. Portanto, para começar a parte I, aqui está o espectro da maturidade ao qual farei referência ao longo do livro para que você possa verificar onde se encontra — e onde deseja chegar.

Agora vamos conhecer cada um dos nossos jogadores:

Bebês de Verdade

Pelo simples fato de estarem o mais distante possível de serem completamente crescidos, os Bebês de Verdade são a definição de imaturidade. E eles não chegam a este mundo sabendo como ser responsáveis ou responsabilizados. Nem mesmo sabem como funcionam seus dedos dos pés! Mas, ao longo do tempo, os bebês aprendem. Seu cérebro e corpo crescem e, eventualmente, chegam a um estágio em que a imaturidade não é mais uma condição inerente; é apenas uma desculpa esfarrapada para um comportamento ruim. E então eles já têm idade suficiente para buscar as ferramentas necessárias para agirem com responsabilidade e serem responsabilizados por suas ações — momento em que podem seguir um de três caminhos…

Bebezões (BBZ)

Esses são os adultos só na idade que tiveram tempo e oportunidade de sobra para crescer, mas não farão o esforço. Assim como os Bebês de Verdade, eles são preguiçosos, carentes, desconfiáveis e inconsiderados, mas, ao contrário de seus homólogos infantis, não têm desculpa. E essa não chega a ser uma forma adequada de viver. Sim, eles fazem o que querem o dia todo sem se importar com como isso afeta outras pessoas — o que pode parecer libertador —, mas essas outras pessoas acabarão deixando de ser suas amigas, de fazer negócios com eles e tolerar suas bobagens. Estou olhando para você, James Corden.

(Ah, e as pessoas também usarão pesquisas anônimas para relatar com alegria as ações e comportamentos flagrantes dos BBZ. Mais sobre isso daqui a pouco.)

Adultos em Teoria

Eles têm idade suficiente, conhecimento suficiente e experiência suficiente para agir de maneira madura e responsável — e querem fazer isso! — mas, por um motivo qualquer, estão tendo dificuldade em ajustar todas essas coisas. Não são preguiçosos, mas talvez sejam desorganizados ou se sobrecarreguem facilmente. Podem ser até muito bons em serem educados, mas ainda não conseguiram decifrar o código da autossuficiência (ou vice-versa). Ou são bons em se responsabilizar e pedir desculpas por seus erros — mas claramente não tanto em *aprender* com esses erros, senão não continuariam a cometê-los, certo?

> Estou supondo que você está na categoria de "Adulto em Teoria", já que os Bebês de Verdade não conseguem ler este livro, os Bebezões não fariam questão de lê-lo, e Adultos de Verdade não precisam dele.

Adultos de Verdade (ADV)

Como o nome sugere, os ADV são o pacote completo. Maduros e responsáveis, capazes e engenhosos, autossuficientes e bem-sucedidos, confiáveis e respeitados. Eles sabem como se responsabilizar e aprender com seus erros (os quais cometem cada vez menos, é claro). E trabalham um pouco mais, porém de maneira MUITO mais inteligente, e obtêm *todas* as vantagens.

Eles têm as ferramentas e sabem como usá-las — em benefício próprio e dos outros.

DICA PRÓ-ADULTO: Você sabe o que os Adultos de Verdade não têm? Pratos, xícaras de café, espelhos e outros pertences cobertos com resíduos pegajosos de etiquetas de preço, que, não importa quantas vezes você tente, não vão sair na máquina de lavar louça. Algumas esfregadas com um pouco de algodão coberto com o elixir mágico conhecido como "Goo Gone" vão sumir com isso. (Também útil em tesouras que ficam cobertas de seiva de pinheiro depois de cortar galhos rebeldes da árvore de Natal. E em suas mãos, que estão muito grudentas.) Sinceramente, se meu editor não descobriu uma maneira de vender este livro com uma garrafa desse doce GG, talvez eu precise falar com o diretor de vendas.

Bom, então agora vamos voltar à minha pesquisa e à pergunta que acabou sendo a mais reveladora de todas:

Imagine um adulto conhecido seu que age como um Bebezão. O que faz você pensar assim dele?

Admito que formulei essa pergunta de uma maneira muito intencional, porque se há algo que aprendi ao administrar várias pesquisas desse tipo, é que nem todos nós somos autoconscientes o suficiente para identificar nossas falhas (ou suficientemente francos para admiti-las), mas que *todo mundo* diz a verdade sobre *os outros* em um formulário anônimo do Google.

É AÍ que você recebe as informações essenciais.

Aqui estão as qualidades que foram destacadas (ou melhor, rechaçadas) quando se tratou de rotular um BBZ:

BEBEZÕES

São mal-educados/desrespeitosos
São ingratos
Reclamam o tempo todo
Nunca pedem desculpas
São autoritários/mimados
Não têm autocontrole

Não são confiáveis
Nunca tomam a iniciativa
Deixam que os outros consertem seus erros
São preguiçosos
Sempre inventam desculpas
Não assumem a responsabilidade

Agora, quero que você dê uma boa olhada nessa lista. **Reconhece algo?** Minha intuição diz que sim, mesmo que seja apenas um breve e desconfortável sentimento ao passar os olhos pelo item "não confiável". Porque se eu aprendi mais alguma coisa com todas as minhas pesquisas e conselhos é que todas as coisas que os *outros* fazem que nos irritam e nos fazem responder de forma crítica e afiada um dos questionários da Tia Sarah mostram que...

Também estamos agindo assim.

Pelo menos em parte, ocasionalmente. Quero dizer, por que mais você estaria aqui, se não soubesse, no fundo, que precisa de ajuda? Está tudo bem. Não há vergonha nesse jogo. Uma certa antiguru, por exemplo, nem sempre foi tão boa em admitir as próprias falhas.* Levou anos de autorreflexão e esforço para eu chegar a um ponto em que posso aceitar, admitir um erro, pedir desculpas, se necessário, e seguir em frente sem ficar de todo perturbada com isso.†

(Posso ajudar você a chegar lá também, na parte IV. Fique de olho.)

Enfim, o que estou dizendo é que todos nós, bem-intencionados, temos algumas características que se encaixariam na coluna dos Bebezões, quer estejamos prontos para admitir isso ou não. O importante é que, no final do livro, você tenha todas as habilidades de que precisa para se tornar um Adulto de Verdade, 24 horas por dia, 7 dias por semana:

---

* Principalmente porque estou quase sempre certa.

† Na rara ocasião em que sou a culpada.

ADULTOS DE VERDADE

Educados/respeitosos	São confiáveis
Demonstram gratidão	São independentes
Não ficam reclamando por aí	São atenciosos
Admitem erros	São engenhosos/proativos
Não subestimam as pessoas/coisas.	Aceitam críticas
Emocionalmente estáveis	Consertam seus erros e aprendem com eles

Agora, dê uma olhada *nessa* lista. **Aposto que você se reconhece em algumas dessas qualidades também, e isso é ótimo!** Todos nós temos várias facetas. Mas faça um favor à Tia Sarah — se chegar, por exemplo, à seção sobre ser engenhoso ou ao capítulo sobre ser proativo e pensar *Não preciso disso, já sei me virar,* e sentir vontade de avançar...

Não faça isso.

Está tudo interligado, meu amigo. Eu não entrelacei uma complexa tapeçaria de sabedoria para adultos **em um manual de vida prático, divertido e fácil de usar** para que você o trate como um menu à la carte do Chipotle.

Bom, agora que sabe como é ser um Adulto de Verdade, você pode se perguntar por que, exatamente, **deve se esforçar para se tornar um**. Afinal, qualquer Adulto em Teoria pode assistir a todos os programas de merda que o coração desejar e jantar sorvete — ambas são proposições indiscutivelmente atraentes e fáceis de implementar quando você é o único que está [finalmente!] no comando.

Justo.

Mas eu garanto que um ADV de pleno direito, totalmente realizado, está destinado a ganhos maiores do que maratonas de streaming ou Ben & Jerry's, então vamos **aumentar a MO-tivação do VSCP e falar sobre o que está em jogo para VOCÊ, que tal?**

Termine seus afazeres e você pode brincar

Quando éramos crianças, a maioria de nós tinha que limpar a mesa ou dobrar a roupa antes de sermos autorizados a fazer coisas divertidas. E acontece que ser adulto é muito parecido, exceto que enfrentamos tarefas maiores e desafios mais difíceis, e que os frutos desses trabalhos também são maiores e melhores do que poder ir a uma festa do pijama ou ficar solto no parquinho para meia hora de diversão.

Claro, você tem que pagar o aluguel, mas também pode pendurar uma bola de discoteca no seu banheiro, se quiser. Banhos de discoteca, lá vamos nós! E, sim, se quiser recuperar todo o seu depósito de segurança, vai ter que preencher os buracos dos parafusos quando devolver o seu contrato de locação... é aí que um Adulto em Teoria talvez diga apenas "Ah, dane-se" e aceite a perda.

Enquanto um ADV faria os reparos responsavelmente, receberia uma compensação completa do proprietário, pagaria o caminhão de mudança *e* ainda teria o suficiente para comprar um congelador dedicado ao Ben & Jerry's para o novo apartamento.

Isso, meus amigos, são #METAS.

E esses benefícios são apenas a ponta do iceberg. Emaranhada nestas páginas, há muita MO-tivação para crescer, p*rra! E grande parte dela se manifesta na forma de **RECOMPENSAS diretas.**

Por exemplo, além de exigir que você terminasse suas tarefas, seus pais provavelmente também lhe disseram mais de uma vez para **"Cuidar dos seus modos".** E que bom! Eles queriam educá-lo corretamente e também minimizar o número de olhares que receberiam de outros clientes quando levavam você para o Applebee's na Noite do Camarão Duplamente Crocante.

Mas adivinha só? Ser educado, simpático e respeitoso lhe trará muito *mais* benefícios em sua vida adulta do que quando lhe passarem o molho de coquetel durante o jantar e/ou não o convidarem a sair antes da sobremesa. **Diga-me: Você gosta de promoções e aumentos no trabalho, bebidas grátis em restaurantes, upgrades em hotéis e relacionamentos funcionais com seus amigos e familiares?**

Então, este é o seu dia de sorte, porra! Na Parte II, vou explicar esses detalhes e muitos outros grandes e belos benefícios de se comportar da melhor maneira possível.

Ou que tal quando seus pais ficavam enchendo todas as noites para você **"fazer seu dever de casa"**. Eles não eram sádicos; apenas queriam que passasse de ano em ano a fim de que pudesse se formar com as habilidades necessárias para conseguir um emprego e sair da casa deles. O que é totalmente razoável.

Mas agora que você é um adulto, o conceito de "fazer seu dever de casa" é mais amplo — envolve pesquisar suas opções, avaliar riscos, benefícios e consequências, bem como se preparar —, e as recompensas vão muito além de um 8 em matemática (ou mesmo um emprego e uma casa própria). **Fazer sua diligência prévia ajuda você a planejar férias incríveis, conseguir reservas difíceis de obter no restaurante mais badalado da cidade e até mesmo fazer um ótimo negócio ao comprar uma nova lava-louças.** Acredite em mim, os adultos ficam animados com a última opção.

Vamos explorar essas recompensas e muito mais na parte III.

Ah, e que tal o clássico de todos os tempos: **"Vá limpar seu quarto"**? Embora eu tenha certeza de que mamãe/papai/vovó são conhecidos por se deslumbrarem com seus anos mais jovens — quando você era super fofo, mas eles também tinham que correr para recolher toda a bagunça que deixava para trás porque você não sabia onde as coisas ficavam —, eu também apostaria meu ovário esquerdo que eles estavam bastante ansiosos para lhe repassar o dever de limpeza na primeira oportunidade que tivessem. Quando a época do ensino médio chegou, talvez tenha parecido que eles estavam apenas usando você para obter mão de obra gratuita (o que talvez seja verdade).

Mas escuta só, porque saber como arrumar suas coisas TAMBÉM faz de você o tipo de adulto cujos amigos convidarão para se juntar a eles em suas férias em um Airbnb numa vila chique porque podem confiar que você não vai deixar a casa parecendo que Jackass 7 acabou de terminar. Nada mal. Além disso, há ainda mais a ser conquistado ao saber como limpar suas bagunças *figurativas* — ou seja, admitir seus erros e se esforçar para consertá-los.

Abordaremos todos os pontos acima na parte IV.

DICA PRÓ-ADULTO: É uma coincidência que as palavras C-R-E-S-C-E-R e A-V-E-N-T-A-L tenham ambas seis letras? Talvez! Você deveria considerar isso como um sinal do universo de que vale a pena investir em um avental de cozinha que salvará uma ou mais de suas camisas favoritas de futuros estragos? Com certeza!

E, por fim, como se todas as **RECOMPENSAS** já não fossem suficientes, há o outro lado igualmente valioso da nossa moeda de MO-tivação para ser um Adulto de Verdade: o **ALÍVIO**.

Não vou mentir. Além das coisas divertidas, a vida adulta vem com sua parcela de prazos apertados, reuniões importantes, términos dolorosos, dinâmicas familiares complicadas e outras situações. E não importa o quanto você lide com esses desafios de adultos com maturidade, responsabilidade e se responsabilize, eles geralmente não terminam em banhos de discoteca e *delivery* de sobremesas.

Mas me deixe dizer: **o doce alívio pode ser tão precioso quanto essas coisas.**

O alívio, por exemplo, de se sentir confiante e capaz ao enfrentar uma situação difícil, porque você se *preparou* para ela, em vez de suar frio ao se esforçar para se proteger.

O alívio de saber que, independentemente do que acontecer, você deu o seu melhor.

O alívio de ter se livrado de algo irritante para que não o irrite mais.

O alívio de expressar suas emoções — mesmo que tenha sido assustador — para que não precise mais lidar com elas sozinho.

E aqui você tem toda a MO-tivação de que precisa para entrar nesse mundo adulto. **RECOMPENSA e ALÍVIO, "R&A".** Essa é a versão para adultos de "e então você pode brincar" e definitivamente vale a pena.

Então, com nossos parâmetros estabelecidos e nossas #METAS em mente, é hora de começar o trabalho de verdade. Mas não fique nervoso! **O primeiro passo para se tornar um Adulto de Verdade é tão simples quanto aprender o ABC**. É apenas uma versão um pouco diferente do que você está acostumado...

A significa *Ação*

B significa *"Bom" Comportamento**

C significa *Consequências*

Em outras palavras: suas AÇÕES, bem como seu "BOM" COMPORTAMENTO, têm CONSEQUÊNCIAS.

Aprenda e aplique isso em sua vida.

Você sabe

Em relação às consequências, os Bebês de Verdade têm um passe livre. Não se espera que eles saibam delas. Espera-se que sujem as fraldas e gritem em consequência disso, e, apesar dessas características predominantes, as pessoas ainda atendem a todos os caprichos dos bebês e tiram fotos deles com molho de marinara por todo o rosto, inexplicavelmente considerando isso "fofo".

* [N. da T.] Há um tom muitas vezes irônico da autora relativo ao tipo de comportamento - bom ou ruim - por isso o uso das aspas em "Bom", assim como para estabelecer a correlação com a inicial do termo original (behavior).

Idealmente, os adultos no ambiente estão dando o exemplo das melhores práticas, e por fim — desde a infância até a adolescência — devemos começar a imitá-los. Depois, enquanto adultos, com toda a razão, ESPERA-SE que saibamos muito bem que fazer cocô indiscriminadamente e gritar não é legal, e NÃO DEVEMOS ficar completamente surpresos se arriscarmos nos envolver nesse tipo de comportamento e nos encontrarmos sendo escoltados para fora do supermercado algemados.

Vamos lá, amigo. Você sabe.

Entender **o que são as consequências e como elas funcionam** é um componente-chave para ser um Adulto de Verdade e algo com o qual você, sem dúvida, já está familiarizado. Lembre-se das punições que as figuras de autoridade em sua vida possam ter lhe aplicado por errar ou se comportar mal. Essas foram "consequências ruins".

Você gostou delas? Acredito que não.

Sabia que aconteceriam quando decidiu agir/se comportar daquele jeito? Eu aposto que sim, amigo.

E mesmo assim — E MESMO ASSIM —, **muitos Adultos em Teoria ainda não *aplicam* sempre o que definitivamente *já sabem* sobre consequências em seu dia a dia**. Em vez disso, eles agem e se comportam sem pensar nas potenciais consequências, e fazem coisas estúpidas, como perder um prazo atrás do outro e acabar se encontrando em uma entrevista de desligamento antes que possam dizer: "Espera! Posso tentar de novo?"

Mano, você está totalmente demitido.

No entanto, os Adultos de Verdade compreendem que **as consequências ruins não acontecem *por acaso*** — **elas são *causadas* por suas ações e comportamentos.**

Se perder o horário de chegar em casa; será proibido de sair.

Se tirar um 5 em matemática; seu celular será confiscado.

Se responde à sua mãe de forma desrespeitosa; sofrerá todas as consequências acima.

Pelo mesmo princípio, **suas ações e comportamentos POSITIVOS podem trazer CONSEQUÊNCIAS POSITIVAS**, ou seja, trarão resultados na forma de recompensas e alívios.

Se trouxer o carro de volta sem danos; poderá usá-lo novamente.

Se estudar muito para uma prova; tirará um 10.

Se sempre for simpático com os vizinhos; eles o deixarão pular na cama elástica deles.

Bem simples, certo? E como sabemos a partir do terceiro ramo do nosso MO do VSCP, **adultos *se responsabilizam* por suas ações e comportamentos** — então, por que não **tornar isso mais FÁCIL e AGRADÁVEL para você** ao equilibrar as consequências a seu favor desde o início?

Para dar início à sua trajetória no território dos ADV, aqui está um método prático de dois passos para dominar o conceito de consequências, de uma vez por todas.

ANTECIPE & ORQUESTRE

1. **ANTECIPE as consequências.**

   Pergunte a si mesmo: O *que acontece se [eu fizer X/me comportar de modo Y]?*

2. **ORQUESTRE o resultado,** seja *evitando* as más consequências (ALÍVIO) ou *atraindo* as boas (RECOMPENSA).

   Pergunte a si mesmo: O *que posso fazer para obter o melhor resultado possível aqui?*

Então aja/comporte-se de acordo. É isso!

Pronto para alguns exemplos? Ótimo. **Vamos começar com "evitando consequências ruins".**

Digamos que você tem uma prova final na segunda-feira. Não está a fim de estudar neste fim de semana e está tentado a inventar uma emergência familiar para evitar isso. Vamos antecipar as consequências dessa ação. (Pode haver várias iterações aqui; não seja tímido.)

O que acontece se eu mentir para evitar estudar/fazer a prova?

Talvez você consiga se safar com a desculpa falsa, mas ainda terá que fazer um exame substituto e, portanto, ainda terá que estudar para ela, arruinando um futuro fim de semana de qualquer maneira. Ou talvez você seja pego na mentira, seja punido por isso e ainda tenha que estudar/fazer um exame substituto. Ai.

Todas essas são consequências objetivamente prováveis, nenhuma delas resulta em um bom resultado para você. A parte boa é que tem o poder de **orquestrar** um resultado melhor...

O que posso fazer para obter o melhor resultado?

Dadas as circunstâncias, não vejo muito espaço para uma "recompensa" pura e incontestável aqui. No entanto, se você agir como um adulto maduro e responsável que não mente sobre a condição cardíaca da avó, concentrar-se nos estudos agora e simplesmente fizer a maldita prova na segunda-feira, pelo menos não estará cavando um buraco ainda mais fundo que exigirá ainda *mais* tempo e energia para sair posteriormente, e isso é um alívio!

Se acha que esse foi um cenário excessivamente simplista com uma resposta óbvia, então vou repetir: "muitos Adultos em Teoria ainda não aplicam sempre o que definitivamente já sabem sobre consequências". Minha razão de existir é simplificar tudo isso para você, para que CONSIGA se lembrar. Dois passos. Um conceito que vai mudar a sua vida. De nada!

Agora, vamos analisar uma situação em que Antecipar e Orquestrar poderiam ajudá-lo a não apenas evitar o pior (ALÍVIO), mas potencialmente desfrutar do melhor (RECOMPENSA).

Digamos que você está no meio da sua primeira (ou, droga, sua décima sétima) busca por um apartamento e finalmente encontrou um lugar que adora com colegas de quarto que parecem legais. Eles querem que você volte para tomar um café e conversar antes de decidirem quem vão escolher, mas agendaram para um dia em que você está programado para trabalhar no abrigo de animais, e será difícil chegar a tempo. Qual é a sua estratégia?

Lembre-se: suas ações e comportamento têm consequências. **Antecipe, orquestre!**

O que acontece se eu tentar encaixar ambos e me atrasar para a entrevista?

Taaalvez não faça diferença, mas seus futuros colegas de quarto não estariam errados em presumir que "não ser pontual" significa "não tão interessado" ou pior, "provavelmente vai atrasar os pagamentos do aluguel também". Se houver competição por essa vaga, você não estará se ajudando nem um pouco ao chegar atrasado. Especialmente se chegar coberto de cocô de periquito.

O que posso fazer para obter o melhor resultado aqui?

Você poderia pedir um horário mais tarde, e, mais uma vez, taaalvez isso não seja um problema. O grupo até pode ficar impressionado por você ser uma pessoa que faz trabalho voluntário. No entanto, também corre o risco de irritá-los ou de complicar as coisas para *eles*, o que não parece ser a estratégia ideal, especialmente se você tiver outras opções.

Dadas as circunstâncias, parece que abrir mão do voluntariado ou trocar o seu turno seria a opção mais segura. Quer dizer, a) é um turno de *voluntariado*, e b) estou supondo que as pessoas do *abrigo* entenderiam como garantir um teto é importante para você. E se chegar ao apartamento com uma caixa de biscoitos, um buquê de flores e/ou algumas explicações bem ensaiadas e ponderadas sobre por que você acha que se encaixaria tão bem ali, isso provavelmente melhorará suas chances.*

Isso não foi muito difícil, foi? Não há motivo algum para que você não possa sair por aí e **usar tudo o que *já sabe* sobre as consequências para direcionar suas ações e comportamento em direção ao resultado mais desejável.**

* Aviso importante: a parte II contém muito mais sobre estratégias bem-educadas, uma especialidade dos ADV.

Vamos separar os BBZ dos ADV. Você sabe qual lado escolher.

O Ciclo PCE

Mais adiante em nosso estudo sobre as "Diversões Fundamentais", quero apresentar três conjuntos de habilidades que separam os seres humanos piquititinhos que *não conseguem* viver por conta própria (Bebês de Verdade) dos adultos que *conseguiriam*, mas se recusam a tentar (Bebezões). Também daqueles que estão tentando, mas ainda não estão indo particularmente *bem* (Adultos em Teoria), e, em seguida, dos adultos mais adultos de todos, os Adultos de Verdade. Essas habilidades são:

PENSAMENTO CRÍTICO

COMUNICAÇÃO

ENFRENTAMENTO

Vamos começar com uma introdução a cada uma delas e, em seguida, ver como operam juntas na prática.

Pensamento crítico

Bebês de Verdade não têm praticamente nenhuma experiência de vida. As crianças têm um pouco. Mas e você? Tem uma quantidade razoável (que tende a aumentar), e, por sorte, cada experiência passada fornece uma valiosa fonte de dados. O pensamento crítico é o processo de peneirar todas essas informações acumuladas — todas essas consequências, todos esses resultados — e usá-las para tomar decisões melhores no *futuro*. **O benefício da retrospectiva é uma previsão aprimorada.**

> **Você usará o pensamento crítico para**
>
> Identificar e ponderar as consequências
>
> Elaborar estratégias para obter melhores resultados
>
> Aprender com o passado e aplicar essas lições no futuro.

Agora, sob os auspícios do pensamento crítico, vamos analisar uma busca super adulta — a entrevista de emprego — e comparar a abordagem dos BBZ com a dos ADV, incluindo um Adulto em Teoria como grupo de controle.

Os **BBZ** se preparam muito pouco ou quase nada. Só Deus sabe como conseguiram uma entrevista em primeiro lugar. Conexões familiares? De qualquer forma, eles não pensaram criticamente sobre nada disto: roupas apropriadas para a entrevista; quanto tempo levará para chegar lá e se é necessário tempo adicional para possíveis problemas de transporte público; com quem vão se encontrar (é RH ou o CEO? Quem liga? Surpresas são divertidas!); ou o que eles deveriam tentar transmitir sobre sua experiência e entusiasmo para maximizar suas chances de serem contratados. Os BBZ não aprenderam nada com seus últimos fracassos em entrevistas e, como também não pensaram nas consequências de *não* conseguir o emprego, estão prestes a enfrentar a perspectiva nada invejável de ter que escolher entre poder pagar o aluguel ou ter que dormir no sofá de Todd por alguns meses e não estão preparados para isso. (Infelizmente, Todd também não está.)

Os **Adultos em Teoria** entendem que é importante chegar na hora e adicionaram quinze minutos extras à sua jornada até o local, apenas por precaução. No entanto, eles se esqueceram de verificar se a roupa de entrevista está livre de manchas e amassados, e isso já é problemático. Provavelmente pesquisaram sobre seu possível empregador, mas talvez tenham parado antes de praticar os pontos de discussão. Essas pequenas falhas podem ou não prejudicar suas chances de serem contratados. Por que arriscar? O sofá de Todd é desconfortável, e mencionei que o cachorro dele solta pelos para caralho?

Os **ADV** chegarão pontualmente e bem-vestidos, armados com uma cópia extra de seu currículo, apenas por precaução. Eles fizeram a devida pesquisa sobre a empresa e talvez até tenham conversado com um conhecido que trabalha lá para obter informações privilegiadas sobre as práticas de contratação. Consideraram o que aconteceria se conseguirem o emprego (ou seja, o que fariam se a oferta fosse abaixo do esperado, e precisarem negociar; quanto tempo antes dariam o aviso prévio em seu emprego atual e quanto tempo de férias abençoadas encaixar no meio), bem como se *não* conseguirem — e estão preparados para qualquer resultado. Este é um exemplo perfeito de pensamento crítico em ação.

Resumindo: Quando se trata de usar essas habilidades de pensamento crítico, você não está ajudando nem um pouco a si mesmo ou a Todd fingindo e cometendo erros ao longo da vida. E, ao contrário de um pequeno ser humano, você tem acesso a todas as informações de que precisa, a liberdade para procurá-las e o poder cerebral para processá-las a seu favor. Faça bom isso disso.

Comunicação

Bebês de Verdade não chegam a conseguir se comunicar. Você consegue, e isso já é meio caminho andado. Infelizmente, não pode pedir comida por telefone balbuciando coisas sem sentido, nem solicitar folga para o chefe apenas emitindo sons ininteligíveis em sua direção. Você precisa ser capaz de *avaliar* as próprias necessidades (aí, pensamento crítico!), bem como *expressá*-las efetivamente a outras pessoas para obter o que deseja na vida. Aprender a unir palavras de modo a criar significado — e, em seguida, aprimorar essas palavras até que se tornem precisas, eficazes e persuasivas — é fundamental.

Vamos nos aprofundar em várias táticas de comunicação ao longo do caminho, mas, por enquanto, continuaremos com o exemplo da entrevista de emprego e veremos como nossos candidatos se saem na hora de usar as palavras:

Você usará a comunicação para

- Comunicar seus desejos/necessidades
- Ser claro, direto, educado e persuasivo sobre isso
- Expressar decepção de maneira produtiva

Os **BBZ**, como mencionado, não gastaram tempo pensando no que querem dizer ou como dizer. Eles definitivamente não folhearam o site da empresa para ter uma ideia do tom e da linguagem do empregador em potencial. Estão destinados a dizer "tipo" e "ããã" algumas bilhões de vezes, e quando a entrevista termina com "Você tem alguma pergunta para nós?", o melhor que podem fazer é questionar "Onde fica o banheiro? Preciso usá-lo antes de pegar o trem de volta, obrigado!"

Os **Adultos em Teoria** sabem o suficiente para serem educados e atentos e pensam/esperam que isso disfarçará sua falta de preparação *hardcore*. Mas, embora as palavras que lhes saem da boca sejam bem-educadas, elas também podem ser um pouco indefinidas, custando-lhes a oportunidade de causar uma boa impressão *e* uma conexão pessoal com seu público. (Sendo que, se tivessem passado um tempinho fazendo uma pesquisa nas redes sociais, poderiam ter descoberto que seu entrevistador é um fã do Red Sox, uma informação que poderiam usar para criar um pequeno bate-papo memorável.) Com meia hora para apresentar seu caso, as probabilidades não estão exatamente a seu favor. Muitos irão fingir; alguns podem até se dar bem.

Os **ADV** chegam prontos para jogar. Eles pensaram sobre o que os torna o melhor candidato para o trabalho e praticaram expressar essa informação de maneira educada, concisa e persuasiva. Também se lembram do que aconteceu da primeira vez em que se candidataram a um emprego e foram surpreendidos pela pergunta "Diga-nos qual é a sua maior fraqueza", então prepararam uma resposta bem pensada para essa pergunta, se necessário. (E, desta vez, não será "Às vezes, entro em conflito com figuras de autoridade". Oops.)

Resumindo: Se você está lendo este livro, você já possui as habilidades básicas de compreensão/comunicação de que precisará para nossas futuras aventuras como ADV. Como eu disse, metade da batalha já está vencida. Vou ajudar você a evoluir, para que possa se destacar consistentemente.

DICA PRÓ-ADULTO: Talvez isso seja uma coisa geracional para aqueles de nós que chegaram à idade adulta quando o e-mail era algo novo e brilhante. No entanto, se você começou com um endereço como Trip4Balls@AOL.com *e ainda o usa até hoje*, sinto em dizer isso, mas é hora de aposentá-lo. O mesmo vale para apelidos eletrônicos mais modernos, como nos perfis do TikTok e canais do YouTube. Eu analisei muitos currículos nos meus dias de contratadora, e sabe quem não recebe uma ligação de volta? "WorkBitchBritney" e "SoccerDude69".

Enfrentamento

Em uma analogia que vou continuar usando ao longo deste livro, consideremos a situação de um Bebê de Verdade que a) pode ou não saber o que quer, b) não consegue expressar ou buscar isso, mesmo se souber e c) não tem como processar o fato de *não* conseguir o que quer ou lidar com ele.

Hmmm, estou sentindo uma birra chegando...

Catártico? Talvez. Mas, embora deitar de costas no berço e gritar até ficar vermelho possa parecer uma opção atraente de vez em quando, não é um mecanismo de enfrentamento recomendado para toda a vida. E, diga-se de passagem, resmungar, fazer beicinho ou recusar-se a sair do quarto até o fim dos dias tampouco são boas soluções.

A vida nem sempre se desenrola como você quer. E, se quiser superar os momentos difíceis sofrendo o mínimo de dano nos seus relacionamentos, reputação e saúde mental, precisará ser capaz de lidar de forma eficaz com isso, tanto internamente (por exemplo, recebendo críticas e assumindo a responsabilidade pelo seu papel em qualquer falha ou decepção que tenha ocorrido) quanto externamente (por exemplo, não enlouquecendo com qualquer outra pessoa que possa ser responsável por essas falhas/decepções).

Você usará o enfrentamento para

- Lidar com emoções difíceis
- Superar a decepção
- Recuperar-se após o fracasso

Vamos abordar tudo isso em detalhes com o tempo, mas, por enquanto, daremos uma última olhada na nossa entrevista e suas consequências:

Os **BBZ** não conseguiram o emprego, para a surpresa de ninguém além deles mesmos. Não estavam preparados nem para a entrevista, nem para o que aconteceria quando a estragassem, o que significa que estão simultaneamente desapontados, irritados, assustados, possivelmente tendo um verdadeiro ataque de birra e desperdiçando tempo e energia valiosos com todos esses estados nada úteis quando, na verdade, deveriam estar aceitando seu destino, aprendendo com seus inúmeros erros e voltando lá fora com um belo método de dois passos para antecipar as consequências e orquestrar um resultado melhor da próxima vez.

Os **Adultos em Teoria** podem até ter passado raspando e conseguido o emprego. (Eu sei disso porque trabalhei com muitos deles na minha vida.) Então está feito, e poxa, parabéns para os que merecem parabéns! Mas, com o novo emprego, virão novas responsabilidades, novos sistemas, novos chefes e colegas e muitos novos testes das habilidades de pensamento crítico e comunicação, que nem sempre funcionarão para a turma do "fingir até conseguir". Se e quando essas habilidades falharem, a capacidade de lidar com as consequências será muito útil. Então, continue lendo.

Os **ADV** provavelmente receberam a oferta e talvez até negociaram um salário inicial mais alto. Uau! Mas e caso não consigam? Eles reavaliam e revisitam o plano que já haviam feito para lidar com esse possível resultado. Talvez enviem um e-mail educado para o representante de RH perguntando se havia algo que poderiam ter feito melhor para serem escolhidos. (Não postam um *story* amargurado no Instagram marcando seu possível empregador.) A situação não é boa, mas eles estão lidando com isso, porque é isso que os adultos fazem.

Resumindo: Engula o choro, docinho.

* * *

Na maioria dos cenários que a vida lhe apresenta, será preciso apostar no **PENSAMENTO CRÍTICO** — primeiro para identificar o que você quer e precisa e depois para antecipar as **CONSEQUÊNCIAS** de suas ações e comportamentos antes de tentar **COMUNICAR** esses desejos/necessidades aos outros. E qualquer que seja o resultado, você terá que **ENFRENTAR** as **CONSEQUÊNCIAS** por conta própria, bem como **COMUNICAR** qualquer decepção (potencial) aos outros, e se envolver em outra rodada de **PENSAMENTO CRÍTICO** para saber o que fazer a partir daí.

Isso é uma jornada no Ciclo PCE. Não é bem uma Space Mountain, mas faço o que posso.

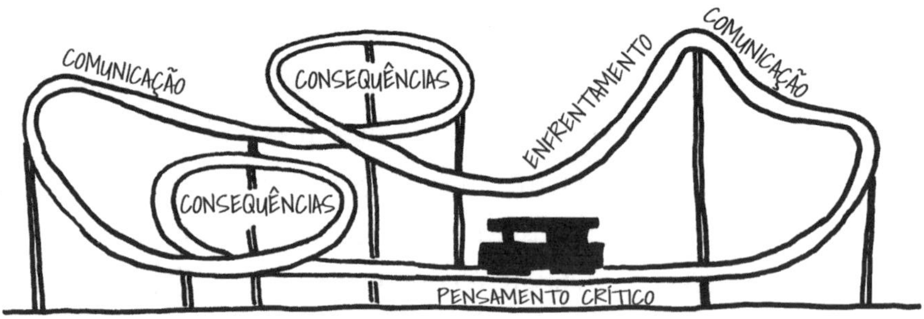

Por quanto tempo você consegue se agarrar a essa viagem sem vomitar de ansiedade ou fechar os olhos o tempo todo e pedir silenciosamente pela morte é diretamente proporcional à sua evolução como um ADV — e, nas partes II, III e IV, vou te orientar quanto a todas as maneiras de lubrificar essas engrenagens de adulto e tornar toda a experiência a mais suave possível.

Então, o que você acha? Pronto para rodopiar feito um adulto?

NÃÃÃO! EU NÃO *QUERO!*

Ah, sim. Bem, eu não posso negar que antecipei um pouco dessa resistência de agora. E entendo, sério, diz a mulher adulta que está atualmente tendo que lidar com um prazo de livro, limpeza após um furacão, recuperação da Covid e uma infestação de cupins porque, CLARO.

Como um dos participantes da minha pesquisa colocou, ser adulto frequentemente envolve **"engolir o choro e fazer as coisas, mesmo quando são difíceis"**. Perfeito. E, aproveitando o embalo, vamos adicionar **"fazer coisas que você não quer fazer porque são realmente irritantes pra caralho"** à lista.

Ainda assim, como a adulta mais experiente por aqui, é meu dever lembrá-lo de que, **para obter todos os benefícios que acompanham ser um Adulto de Verdade, você também tem que lidar com as partes menos agradáveis.** Para viver sozinho em um doce apartamento, precisa pagar o aluguel do tal apartamento. Para desvendar os mistérios e descobrir as maravilhas da idade adulta funcional, você precisa seguir em frente e ler o restante do livro.

Primeiro seus afazeres, depois você pode brincar. É assim que as coisas são.

Embora eu não seja uma espécie de fada madrinha que possa agitar uma varinha mágica e fazer desaparecer a sua conta de aluguel ou fazer, sem esforço, o download de todo esse conteúdo revolucionário diretamente no seu cérebro, prometi algo "mais fácil" e "mais agradável", e é isso que eu vou proporcionar.

Portanto, para encerrar a parte I, é um prazer apresentar-lhe dois truques amplamente aplicáveis para **desenvolver ABORDAGENS e ATITUDES melhores em relação às coisas que você não *quer*, mas ainda assim *precisa* fazer.**

Aqui entram os **HÁBITOS** e **INCENTIVOS.**

Escove os dentes

Hábitos (os bons) são uma baita ferramenta e vão além de combater a placa e mandar as cáries embora. Apagar as luzes sempre que você sair de um cômodo é um outro exemplo. Isso pode ter sido um hábito que alguns de nossos pais nos incutiram um pouco agressivamente quando éramos crianças ("Está achando que somos donos da companhia de luz?"), mas, em defesa deles, isso leva a custos mais baixos de energia — e, quando for sua vez de pagar a conta, vai apreciar a ênfase que seu pai deu nesse assunto. Apagar as luzes quando você não as está usando é uma maneira muito menos dolorosa de alcançar uma "conta de eletricidade administrável" do que, por exemplo, ter que viver no escuro por seis dias no final do mês para compensar a alta potência da sua prodigalidade anterior.

Hábitos (ruins)

- Roer as unhas
- Fumar
- Deixar as chaves na porta
- Deixar o assento sujo de xixi

Outras maneiras de empregar bons hábitos para se ajudar a atingir sua forma adulta ideal de maneira mais **FÁCIL** e **AGRADÁVEL** incluem:

Verifique seu saldo bancário diariamente para não cair no cheque especial sem querer.

Limpe seu apartamento uma vez por semana; aquele seu *date* asmático do Tinder pode acabar dormindo aí na próxima vez.

E isso porque nem comecei a falar sobre autoexames de mama mensais. Um hábito que pode salvar sua vida? ESTOU DENTRO.

Diariamente, semanalmente, mensalmente — não importa — **há um enorme valor em entrar nesse ritmo.** E claro, você tem que se esforçar para iniciar o hábito (mais sobre isso em um instante), mas e depois disso? Cara, você estará *no céu*. Em vez de ter que temer e/ou se apressar para lidar com essas tarefas adultas difíceis e/ou irritantes, **os hábitos ajudam você a:**

Otimizar

Você tem tantas coisas em que pensar, com que se preocupar e lidar diariamente; não seria bom automatizar algumas delas?

Por exemplo, se eu tiver alguma esperança de passar pela minha manhã, preciso de cafeína imediatamente ao acordar. E sabe o que NUNCA sinto vontade de fazer assim que acordo? Café! Então, na minha casa, temos o hábito de preparar a cafeteira na noite anterior. Isso significa que, em vez de derramar pó de café por toda a bancada porque ainda estou meio adormecida e depois ter que limpá-la ainda sem a vantagem de ter cafeína no meu corpo, só preciso apertar um botão e esperar cinco minutos. #Abençoada

(Para os mais sofisticados, ouvi dizer que também existem máquinas de café com temporizadores embutidos que você pode programar na noite anterior. Que época para estar vivo!)

Encontre o X

Se você está sempre atrasado para aulas/reuniões/almoços (ou sempre se esquece completamente deles), crie o hábito de definir o lembrete do seu calendário para "15 minutos antes" de modo a ganhar um empurrãozinho.

E, se você tem um compromisso muito cedo pela manhã, pode como eu definir a notificação do calendário para "18 horas antes", assim se lembrará de colocar um alarme para acordar… e outro alarme extra só por precaução. Que foi? Você sabe como fico de manhã.

Inserir esse tipo de etapa em sua preparação é muito mais fácil e agradável do que precisar implorar a outras pessoas anotações do que você perdeu ou ser repreendido regularmente por seu professor/chefe/amigos. Assim como, por exemplo, criar o hábito de verificar se sua carteira e celular estão com você *antes* de se levantar e sair de uma cabine/carro/táxi/poltrona de ônibus/arquibancada do estádio a fim de eliminar tanto a tendência irritante de perder suas coisas quanto os irritantes itens adicionados à sua lista de tarefas: "comprar um novo celular e cancelar todos os meus cartões".

Faça o que é um saco ser menos desagradável

Transformar uma tarefa que não é incrível em um hábito pode torná-la mais fácil e agradável — mesmo que isso signifique que vai precisar fazê-la um pouco mais frequentemente e quando você não estiver particularmente a fim — em vez de *superdifícil e chata pra caralho* TODA vez... quando você TAMBÉM não estará particularmente a fim de fazê-la!

Por exemplo, levar o lixo para fora sempre que ele estiver bem cheio, em vez de esperar até que um velho esqueleto de frango se reanime para lhe implorar que você o livre de sua miséria fedorenta. Ou, no meu caso, passar cinco minutos varrendo meu terraço todas as manhãs enquanto espero o café ficar pronto, o que é muito preferível a ficar de joelhos, limpando-o com água sanitária e uma esponja áspera uma vez por mês porque eu dei tempo para as fezes de sapo grudarem no cimento e MEU DEUS DO QUE ESSA COISA É FEITA?!?*

Hábitos: truques de baixo impacto para amenizar as tarefas adultas ao longo do tempo. Como não amá-los?

DICA PRÓ-ADULTO: Falando em truques para a vida adulta, eu já estava bem nos meus 40 e poucos anos quando aprendi que há uma pequena seta no seu medidor de combustível que indica de que lado está o tanque de gasolina. Extremamente útil ao dirigir um carro alugado ou desconhecido, ou simplesmente para aqueles de nós que se confundem facilmente com conceitos como "direita" e "esquerda".

Se isso pode começar a parecer deprimente, observe que **os hábitos também podem ser usados para incentivar coisas boas, não apenas para simplificar as coisas difíceis/irritantes.**

Tipo, uma coisa é usar o poder dos hábitos para evitar que o lixo da cozinha se torne radioativo, ou para controlar sua conta de eletricidade, **mas ter a disciplina de fazer pequenos sacrifícios agora em troca de recompensas futuras** pode TAMBÉM, por exemplo, levá-lo a ter férias chiques com uma pele perfeita e um entendimento decente das listas de vinhos locais. A saber:

Economizar um pouco de dinheiro toda semana por um ano garantirá que você tenha o suficiente para ir a Ibiza no

* A vida no Caribe é adorável de muitas maneiras, mas as fezes de sapo são o flagelo da minha existência.

Natal, em vez de simplesmente esperar por uma ótima oferta de voos de última hora. (E ficar extremamente chateado, se não houver nenhuma.)

Criar o hábito de aplicar creme para espinhas todas as noites antes de dormir, mesmo que você não tenha espinhas no momento, pode ajudar a prevenir o surgimento delas em momentos realmente inoportunos, como no dia anterior à sua viagem à Espanha.

Ler quatro páginas por dia do livro *Decoding Spanish Wine: A Beginner's Guide to the High Value, World Class Wines of Spain* [sem tradução no Brasil] no mês que antecede sua viagem ajudará você a aproveitar ao máximo o seu orçamento para bebidas e talvez impressionar um garçom gato no processo. Isso que eu chamo de MO-tivação para seguir o VSCP. Delícia!

Por fim, além de tornar sua vida mais fácil e agradável, **desenvolver bons hábitos fará com que *os outros o vejam* como uma pessoa mais confiável, organizada e previdente.**

O QUE TAMBÉM TORNARÁ SUA VIDA MAIS FÁCIL E AGRADÁVEL. Como? Porque quando está fazendo suas coisas de adulto de maneira calma e feliz, as pessoas notarão os resultados. Elas verão, por exemplo, que você está ansioso para estabelecer metas e segui-las, e vão respeitá-lo e confiar em você, em vez de gritar para que chegue na hora e faça as suas malditas anotações.

Comporte-se como um adulto *e* seja tratado como um! Está bem aí no subtítulo, pessoal.

Bem, bem. Então, este é o ponto no meu manuscrito em que meu editor escreveria na margem **"Tudo isso é bem útil, mas como se *cria* um hábito?"**, e eu gastaria cinco minutos dizendo "Dã, criando!" antes de lembrar que isso não é tão óbvio para todos e que, se eu não viesse aqui para deixar instruções bem explícitas, que tipo de antiguru seria?

COMO CRIAR UM HÁBITO EM TRÊS PASSOS

PRIMEIRO PASSO

IDENTIFIQUE (a necessidade).

SEGUNDO PASSO

IMPLEMENTE (a solução).

TERCEIRO PASSO

REPETIR O SEGUNDO PASSO até que não pense mais nele como um "passo" e, sim, como algo que você "SÓ FAZ".

Por exemplo, você vive perdendo suas chaves? Necessidade = identificada!

Qual seria uma boa solução? Que tal "Sempre colocá-las no mesmo lugar quando chegar em casa, mantê-las no mesmo bolso da calças ou bolsa quando sair e, pelo amor de Deus, verificar se elas estão com você antes de sair do táxi"?

Ótimo! Agora, comprometa-se a implementar essas soluções TODA. SANTA. VEZ. **A repetição é como você transforma uma ação isolada em um hábito.** Também é como obtém o máximo valor de todo o tempo que passou identificando problemas e elaborando soluções. Quando você transforma a etapa 2 em apenas uma coisa que faz, não precisa mais pensar muito sobre ela, não é mesmo?

DICA PRÓ-ADULTO: "Você pode fazer qualquer coisa por seis meses." Este mantra, ou uma variação dele, com "duas semanas" ou "um ano", é algo que eu me digo sempre que estou enfrentando uma tarefa difícil ou uma situação desagradável, como começar o tratamento dentário ou esperar mais um ano para sair do meu emprego para que meus 401k esteja totalmente garantido. (Ou, por exemplo, passar por mais um dia de lockdown sem fim na era da pandemia...) Os especialistas discordam quanto ao tempo que levamos para formar um hábito — em média, de 21 dias a 2 meses a quase 1 ano. E embora todas essas estimativas possam parecer assustadoras, pense em todas as outras coisas que fez (ou talvez "suportou") em prol de um objetivo maior? Se você quiser, você consegue. Pode fazer qualquer coisa por seis meses.

Lembre-se: **otimize, encontre o X e faça o que é um saco ser menos desagradável.** Em sua jornada para se tornar um ADV certificado, a criação de alguns hábitos selecionados o levará longe. E quando você precisar de uma dose extra de MO-tivação, minha próxima dica está à sua disposição.

Aqui, toma um pirulito!

Quando se trata das partes mais difíceis/mais irritantes da vida adulta, às vezes as recompensas embutidas não são tão boas — algo muito parecido com os pirulitos mofados que meu dentista de infância distribuía depois de uma limpeza.

Infelizmente, também pode não haver muito alívio. Por exemplo, ao declarar seus impostos. Embora eu suponha que "não ser preso pelo governo federal" seja, de alguma forma, um "alívio", a declaração de impostos é tão tediosa (mesmo se você contratar alguém para ajudar) e cara (*especialmente* se contratar alguém para ajudar) que até eu, uma Adulta de Verdade, já me perguntei ocasionalmente se não seria mais fácil e agradável fugir para um país sem tratado de extradição do que continuar salvando todas as minhas malditas notas fiscais e inserindo-as em uma planilha do Excel todo ano até eu morrer.*

* Para ser clara, eu aceito a responsabilidade adulta de pagar impostos; apenas odeio, odeio, odeio *fazer isso*.

De qualquer forma, aqui é onde os **INCENTIVOS** são úteis — com "incentivos" quero dizer **bônus autodeterminados que o motivam** a realizar as tarefas *e*, em troca do seu esforço, oferecem algo sem ser um pirulito estúpido ou o adiamento anual de sua ida ao tribunal fiscal.

Quando os aspectos mais difíceis/mais irritantes da vida adulta chegam, e a motivação é escassa, a **Tia Sarah diz: *se* mime.** (Ou melhor, PLANEJE se mimar. Caso ganhe sua recompensa antes de fazer o trabalho, isso não é um incentivo; é trapaça.)

Por exemplo, nos dias de hoje, se vou me submeter a uma raspagem semestral das minhas gengivas sensíveis de meia-idade, prefiro saber que haverá um martini forte à minha espera para eu saborear depois. Mmmm. Tão gelado, tão reconfortante.

Outras ideias para **se incentivar a realizar as tarefas de adulto** incluem:

Fazer um upgrade, comprando aquela carteira fina e estilosa em que você estava de olho depois de conseguir renovar sua carteira de motorista no DETRAN.

Planejar um jantar especial depois de fazer sua colonoscopia (quando puder comer alimentos sólidos novamente).

Ganhar uma massagem nas costas depois de ter colocado a última pilha de livros nas caixas de mudança.

E observe: os incentivos não precisam custar muito dinheiro — pode até não custar nada. Existem muitas maneiras acessíveis de transformar "Não quero!" em "Na verdade, não foi tão ruim". Elas podem ser fisicamente ou emocionalmente satisfatórias, ou psicologicamente reconfortantes. Na verdade: eu me incentivei a terminar de escrever este capítulo me prometendo uma caminhada muito necessária na praia, o que acabou sendo essas três coisas. (Ok, também tomei um martini.)

Recompensas sem custos por um trabalho de adulto bem-feito

Desative as notificações pelo resto do fim de semana

Maratone sua série favorita

Dê uma volta no parque

Encontre um cachorrinho e vá brincar

Depile você-sabe-o que e chame você-sabe-quem

Sacou?

Excelente, eu sabia que você seria um rápido aprendiz!

Portanto, agora, no seu primeiro exercício para se tornar um adulto proficiente — ou seja, **tornar as coisas mais FÁCEIS e AGRADÁVEIS para si mesmo** — quero que pense em maneiras de começar a usar as minhas duas primeiras dicas do VSCP.

Tipo, hoje.

COISAS DIFÍCEIS OU IRRITANTES
COM AS QUAIS TENHO QUE LIDAR

HÁBITOS QUE TORNARIAM ISSO MAIS FÁCIL

INCENTIVOS QUE TORNARIAM ISSO MAIS AGRADÁVEL

BUM! Fácil assim, você está trilhando o seu caminho rumo a ser um ADV, com um ajuste de atitude e abordagem que pode fazer toda a diferença, se você se comprometer com isso. Como se sente?

Você diria que, talvez, está um pouco mais confiante de que consegue fazer isso?

Bônus secreto: confiança

Muitos dos que responderam à minha pesquisa relataram suas dificuldades com a confiança — uma qualidade que, ironicamente, acredito que, mais provavelmente, seja inata em vez de algo que necessitamos desenvolver de forma proativa, como "ser organizado".

Quero dizer, os bebês não conseguem chegar a uma reunião a tempo, mas não têm problema em monopolizar os holofotes, têm? E todas as garotinhas de 4 anos que já conheci se declarariam "UM BELÍSSIMO E INCRÍVEL UNICÓRNIO" num piscar de olhos, enquanto muitos adolescentes e adultos tiveram a confiança inata lentamente retirada de seus córtices pré-frontais à medida que seus cérebros se desenvolveram para processar sentimentos de fracasso e emoções como vergonha e constrangimento.

Bons tempos!

Se você também enfrenta dificuldades com isso, a boa notícia é que existem muitos livros dedicados a ajudar seus leitores a aumentar a confiança e construir a autoestima, de dentro para fora (eu sei disso em parte porque escrevi um chamado *You Do You* [sem tradução no Brasil] — que é excelente.) *Vê se cresce, p*rra!* não revisita todo esse território, mas terá alguns efeitos semelhantes — desta vez, trabalhando com você de fora para dentro.

Se fizer o esforço de abordar a vida de forma madura e responsável, terá mais sucesso do que fracasso.

Cada um desses sucessos — assim como os fracassos pelos quais você aprendeu a se responsabilizar e com os quais aprendeu a lidar tão bem à maneira de um adulto — reforça continuamente a ideia de que você realmente tem controle sobre esses aspectos. Tudo *isso*, assim como a admiração e apreço dos outros que notarão e aplaudirão suas várias vitórias, certamente lhe dará uma boa dose da confiança que você procura.

Essa é mais uma Curva do nosso Ciclo. Mãos para o alto, vento no rosto, e gritaria desenfreada. No bom sentido.

Minha esperança é que tudo o que você aprender com este livro sobre se tornar um adulto *também* **o ajude a recuperar a confiança de uma criança despreocupada** que ainda não recebeu qualquer motivo para sentir que é menos do que um unicórnio lindo e incrível. Vamos chegar lá, em parte, construindo os músculos mentais, como a autoconsciência e o autocontrole, que o capacitam a **viver como um ADV e manter a cabeça erguida.**

O que, devo dizer, até bebês sem vergonha não conseguem fazer. (Pescoços frágeis.)

* * *

E isso encerra a Parte I! Bastante fácil e agradável, não foi? Você estabeleceu uma base sólida para suas empreitadas adultas — tomou uma boa dose de MO-tivação do VSCP; memorizou o alfabeto; aprendeu a antecipar e orquestrar consequências; teve um gostinho de pensamento crítico, comunicação e enfrentamento, com a promessa de construir confiança ao longo do caminho, e experimentou duas estratégias extremamente práticas para lidar com as partes mais difíceis e irritantes da vida adulta.

Agora é hora de focar os detalhes mais refinados.

As próximas três partes do livro exploram **MATURIDADE**, **RESPONSABILIDADE** e **RESPONSABILIZAÇÃO.** E juro pela vida de Robert Ray Knight que será divertido, mas, se a qualquer momento você se sentir sobrecarregado, você pode dar uma olhada no meu fluxograma para ajudá-lo a se orientar novamente.

Pense nisso como uma cola pré-aprovada. (Uma baita jogada de Tia Descolada, se me permite dizer.)

Estou agindo como um adulto?
COMEÇE AQUI
Você considerou as CONSEQUÊNCIAS das suas AÇÕES e COMPORTAMENTOS?
SIM
SIM
NÃO
FAÇA ISSO
Está preparado para agir com maturidade?
Mas olha, está disposto a tentar novamente?
VOCÊ QUER SER UM BEBEZÃO?
NÃO
NÃO
SIM
NÃO
SIM
Desculpe, você está agindo como um bebezão
PENSE NAS CONSEQUÊNCIAS NOVAMENTE.
Está preparado para agir com responsabilidade?
AINDA NÃO
BELEZA, SIM
NÃO
NÃO QUERO!
NÃO
SIM
Preparado para se responsabilizar?
SIM
HM...
VOCÊ ESTÁ SE RESPONSABILIZANDO?
TENTE DE NOVO, JOVEM.
VAI CONTINUAR SENDO MADURO QUANTO A ISSO?
Hora de comunicar seus desejos/ necessidades.
NADA BOM
SIM
Apenas seja HONESTO e EDUCADO!
SIM
HM...
Beleza, tudo bem
Como está enfrentando isso?
O que aconteceu?
Consegui o que desejava/o necessário.
Não consegui o que desejava/o necessário.
Muito bem
ADV!

II

PARA MAIORES DE IDADE APENAS:

Autoconsciência, autocontrole e comportamento adulto em sua melhor forma

Na Parte II, começaremos com o interior, porque como você se sente — e como gerencia o que sente — influencia suas *ações* diante desses sentimentos. **AUTOCONSCIÊNCIA: é uma droga poderosa.**

Vou começar com uma das mais antigas e atemporais *cutucadas* do meu repertório "Eu não sou mãe, mas finjo ser uma neste livro": **"Você tem algo para me contar?"** Os leitores de longa data sabem que **a sinceridade sempre foi um dos dois pilares do meu ethos do F*da-se**, e, aqui em *Vê se cresce, p*rra!*, estamos indo além de simplesmente contar A verdade para nos concentrarmos em encontrar e falar A SUA verdade — **descobrindo o que você quer e precisa para poder a) expressá-la e b) alcançá-la.**

Em seguida, abordaremos a **integridade** — ou seja, colocaremos em prática o que aprendemos —, além de **reconhecermos seus privilégios e lidarmos com eles**, antes de passarmos à parte de **AUTOCONTROLE** do nosso programa, começando com a **polidez.** (Essa seria a segunda coluna do guia NFG, chegando com tudo!)

O capítulo **"Tenha modos" está repleto de dicas sobre como ser gracioso e respeitoso — mas também sobre fazê-lo de forma *estratégica*.** Porque ser uma pessoa agradável facilita muito incentivar *outras pessoas* de forma sutil a fazerem o que *você* deseja. Confie em sua tia Sarah quanto a isso. Em seguida, em **"Não fale assim comigo"**, vou lhe oferecer técnicas práticas para permanecer **calmo, equilibrado, articulado e respeitoso** — o tempo todo, mas especialmente nos momentos em que a vontade é dizer a Janine exatamente onde ela pode enfiar o documento.

Enquanto estamos no tópico dos ajustes de atitude, em "**Vou lhe dar algo para reclamar**", ajudarei você a reduzir as reclamações antes que elas arruínem sua reputação e relacionamentos — e mostrarei **como desabafar de uma maneira muito mais produtiva**. E vamos encerrar com **"Achei que havia pedido para você não fazer isso"**, uma lição a respeito das práticas de autoconsciência *e* autocontrole no que diz respeito **aos limites dos outros**.

Garoto/a, arrasa!

Autoconsciência

A primeira parada na Turnê da Maturidade Emocional: conhece-te a ti mesmo. Porque é fofo quando bebês começam a sorrir de propósito em vez de por causa de gases, mas é ainda mais fofo quando adultos interrogam cuidadosamente suas emoções para esclarecer suas vontades e necessidades, para que possam comunicá-las efetivamente aos outros! Autoconsciência é saber o que você quer, saber o que tem a oferecer e conhecer seus limites. Além disso, é a capacidade de entender como suas ações e comportamento afetam outras pessoas e ajustá-los de acordo. Por exemplo, se desenvolver sua capacidade de se autoavaliar e fazer correções, seus amigos não precisarão mais *pedir para você* parar de transformar cada conversa de jantar em um comercial sobre criptomoedas, ou parar de falar de boca cheia. Ninguém quer sentar-se de frente para alguém assim na mesa

Você tem algo para me contar?

E aí, você tem? Vamos lá, desembuche!

Seja a sua mãe perguntando o que aconteceu com aquela torta que ela deixou na bancada hoje de manhã, ou seu parceiro querendo saber por que você tem estado tão distante ultimamente, **a mentira, como diz o ditado, tem perna curta.**

Em primeiro lugar: **ser sincero é a coisa ética a fazer.** Se você se encontrar em uma conversa difícil ou desconfortável, pelo menos não seja um mentiroso hipócrita *enquanto* ela acontece.

Em segundo lugar: **é mais fácil *acompanhar* a verdade.** Se você pegou emprestado o vestido de festa favorito da sua colega de quarto sem perguntar, e ela acabou de encontrá-lo amarrotado em uma pilha atrás do sofá, onde seu *date* o havia jogado, confessar e mandar a roupa para a lavanderia a seco exige menos esforço do que inventar uma história sobre um intruso sem consideração, mas com gosto por minivestidos da Zara. (E teria sido MUITO menos trabalhoso, se você apenas tivesse pedido o vestido emprestado.)

Finalmente: **ser uma pessoa de princípios sólidos e ética forte faz, em qualquer situação, você conquistar mais amigos e influenciar mais pessoas do que ser um mentiroso dissimulado.**

Você assiste *Succession*? Não preciso falar mais nada.

Mas não estou aqui para lhe dar um sermão sobre contar a verdade. A esta altura da sua vida, espero sinceramente que você não precise que a Tia Sarah explique que mentir e trapacear é ruim. Se eu quisesse passar meus dias falando sobre esse conceito básico, teria casado com meu namorado da faculdade do segundo ano. Havia uma razão pela qual meus amigos o chamavam de "Problema na Certa". Caramba.

Em vez disso, gostaria de me concentrar em fazer você **ser sincero CONSIGO MESMO** — sobre como se sente, por que se sente assim e o que pode fazer a respeito. **Uma autoconsciência reforçada é precursora de interações eficazes com os outros.**

Provavelmente não preciso lembrar que os Bebês de Verdade não têm o luxo da capacidade de identificar as próprias emoções. Eles também não têm palavras para o que estão sentindo, habilidades de pensamento crítico para antecipar consequências e orquestrar resultados que *melhorariam* suas circunstâncias e *mudariam* o seu sentimento e nem a capacidade de comunicar nada disso às outras pessoas. Que bobinhos.

Você, por outro lado, tem essas ferramentas; tudo o que precisa fazer é usá-las. Com isso em mente, aqui está um caminho de três etapas para aumentar sua autoconsciência — **começando com a *reflexão* sincera para depois chegar à *expressão* sincera.**

O método COMO/POR QUE/O QUE

PARA ENTENDER E DESEMBUCHAR

PRIMEIRO PASSO

COMO estou me sentindo?

SEGUNDO PASSO

POR QUE estou me sentindo assim?

TERCEIRO PASSO

O QUE posso fazer quanto a isso?

A resposta à última pergunta pode ou não envolver outras pessoas, então, por enquanto, vamos nos concentrar nas duas primeiras:

COMO você está se sentindo?

Sei lá. Acho que ando meio rabugento.

(Tem certeza? Seja sincero!)

Espera, isso não era um dos passos, certo? E além disso, se estou me sentindo assim, óbvio que é verdade, *né?*

Opa, calma lá. Parte da razão pela qual tive que escrever este capítulo é porque encontro pelo menos <fazendo uma rápida

contagem> cinco pessoas todos os dias que são extremamente versadas em mentir para si mesmas: sobre como estão se sentindo e por quê; o que é bom (ou ruim) para elas; e/ou para as prováveis consequências de suas ações. É uma história tão antiga quanto o tempo.

Então, faça-me o favor de colocar o seu chapéu de pensamento crítico por um segundo e trate de se aprofundar um pouco. É importante **você especificar o máximo possível COMO** está se sentindo, porque é isso que vai **revelar o PORQUÊ** e **levar você a algo mais eficaz: O QUE** [pode fazer sobre isso]. Por exemplo:

> **Você anda meio rabugento ou, mais especificamente, está *muito cansado*?** (Para falar a verdade, a privação de sono pode estar deixando você rabugento, mas estamos tentando identificar o sentimento/causa raiz disso.)
>
> **Você anda meio rabugento ou, mais especificamente, está *triste*?** (Porque "o que você pode fazer" para melhorar um caso de mau humor não é necessariamente o mesmo que ajudará se o seu verdadeiro estado for de tristeza ou desespero.)
>
> **Você anda meio rabugento ou, mais especificamente, está com *fome e raiva*?** (A propósito, "com fome e raiva" muitas vezes é a minha resposta de autoconsciência mais bem-sucedida, embora eu tenha levado cerca de 35 anos para descobrir isso.)

Vamos tentar novamente, que tal?

COMO você está se sentindo?

Na verdade, quer saber? Estou cansado. REALMENTE cansado.

Certo, agora que isso está resolvido, POR QUE você está tão cansado?

Tenho ido dormir muito tarde nas últimas duas semanas, estou saindo quase todas as noites.

Bom trabalho, agora mais algumas perguntas!

COMO você está se sentindo?

Estou triste.

POR QUÊ?

Eu me sinto solitário. Não vejo nenhum dos meus amigos há um tempo, nem ouço falar de nenhum.

COMO você está se sentindo?

Quer saber de uma coisa? Eu estou contigo. Fome e raiva até o talo.

POR QUÊ?

Porque, mais uma vez, por nove horas seguidas, eu me esqueci de comer, e agora nem consigo pensar direito. É um problema.

Iuhul! Pronto. Já deu dois passos em direção à clareza emocional e agora está oficialmente investindo em sua autoconsciência. Excelente trabalho com toda essa reflexão sincera. Agora podemos passar para o terceiro passo: **O QUE você fará quanto a isso?**

COMO você está se sentindo?

Estou cansado. REALMENTE cansado.

POR QUÊ?

Tenho ido dormir muito tarde nas últimas duas semanas, estou saindo quase todas as noites.

O QUE você pode fazer quanto a isso?

Acho que eu poderia cancelar meus planos de sábado e apenas dormir e continuar dormindo até não querer mais?

Parece uma boa ideia, e estou orgulhosa de você por ter chegado a essa conclusão. **Agora é hora de "desembuchar".**

Dependendo desses planos de sábado, talvez você tenha que dizer aos seus amigos que eles precisarão encontrar um substituto para o torneio final de Frisbee no parque, ou dizer aos seus pais que vai precisar remarcar a pintura da cerca do quintal. De qualquer forma, **seja sincero** para que você e todos os outros possam seguir em frente conforme necessário.

Sinceridade: moralmente correta E eficiente!

E talvez recalibrar o seu sábado não exija dizer nada a ninguém. Por exemplo, se você estava pensando em correr uma maratona de 10 km e agora mudou de ideia, tudo o que precisa fazer é desligar o alarme e deixar seus ritmos circadianos fazerem o resto. Moleza.

Vamos manter o ritmo:

COMO você está se sentindo?

Triste.

POR QUÊ?

Eu me sinto solitário. Não vejo nenhum dos meus amigos há um tempo, nem ouço falar de nenhum.

O QUE você pode fazer quanto a isso?

Eu poderia mandar uma mensagem para alguém e ver se a pessoa quer sair. Ou até mesmo apenas fazer uma chamada de vídeo.

Legal, então pegue o telefone e ponha um fim a essa lamúria. Não é como se desse para seus amigos saberem que você está se sentindo para baixo e entrarem em contato no momento exato para animá-lo — e olha, talvez eles estejam por aí, sentindo-se desanimados e esperando você entrar em contato. Mate dois coelhos com uma mensagem só!

COMO você está se sentindo?

COM FOME E RAIVA. MUITA FOME E RAIVA.

POR QUÊ?

Eu me esqueci de comer. Por nove horas. De novo.

O QUE você pode fazer quanto a isso?

Você vai ficar tão orgulhosa de mim, Tia Sarah! Antes mesmo de fazer a pergunta, eu já estava no iFood pedindo um sanduíche de frango com molho especial.

DICA PRÓ-ADULTO: Os dias em que você podia contar com a sua mãe para lhe trazer queijo e biscoitos de água e sal na bolsa para seu deleite ficaram para trás. Se é propenso a ficar irritado quando está com fome, observe que até mesmo uma calça skinny pode acomodar amêndoas suficientes naqueles bolsos estreitos para mantê-lo satisfeito até o almoço.

Muito bem, jovem. Você está arrasando. Estou gostando de ver.

PS: Como esse método da autoconsciência é fundamental, eu ousaria dizer que a maioria das outras lições e estratégias deste livro dependerá disso, recomendo que você anote — pelo menos nas primeiras vezes em que tentar praticá-lo.

COMO estou me sentindo?	POR QUE estou me sentindo assim?	O QUE posso fazer quanto a isso?

E, fácil assim, com três passos simples — **COMO, POR QUE, O QUE** — você, um adulto maduro, dedicou mais tempo do que a pessoa média da sua rua a pensar de forma crítica sobre os próprios sentimentos, a refletir sinceramente sobre esses sentimentos e a determinar quais ações poderia tomar para melhorar sua situação.

Frequentemente, você descobrirá que essas ações são fáceis o suficiente de implementar. **Cochilar, conversar e comer: a solução para tantos problemas da vida!**

No caso das soluções que *não são* tão fáceis — porque têm consequências mais sérias ou exigem habilidades de comunicação mais nuançadas do que simplesmente cancelar um piquenique, mandar uma mensagem para um amigo ou dar gorjeta ao entregador —, não se preocupe. Conforme avançamos no livro, vou oferecer muitas **dicas e técnicas para você ter conversas difíceis *e* sair ganhando.**

Mas vou logo dizendo: a chave para todas essas conversas é **ser tão sincero com seu público quanto você foi consigo mesmo.** Por exemplo:

Se está irritado porque sente que seu parceiro não mostra interesse suficiente na sua carreira, diga isso a ele. Eu estou com meu marido há 23 anos, e já jantamos MUITAS vezes zangados em silêncio. Se puder, evite.

Se está em pânico porque precisa de mais 48 horas para terminar uma tarefa, você precisa dizer isso ao seu chefe. A menos que ele seja um mentalista, não vai poder ler sua mente. (E, se *fosse*, já saberia que você precisa de mais dois dias, certo?)

Se está realmente incomodado e gostaria que seu amigo parasse de falar sobre dietas e calorias porque é chato ser arrastado para a cultura das dietas quando você está tentando desfrutar de um encontro de brunch descontraído, ENTÃO DIGA ISSO A ELE. Diga algo como "Ei, entendo que essas coisas estejam na sua cabeça, mas preciso confessar que é difícil eu aproveitar nosso encontro e nossa refeição se você passar o tempo todo falando sobre o quanto isso é ruim para nós ou o quanto devemos nos sentir culpados por pedir as batatas fritas. Não estou tentando dizer como você deve viver ou se relacionar com o seu corpo, mas, se pudermos vetar esse tópico enquanto estivermos comendo, eu realmente agradeceria. Muito obrigado por entender!"

(Eu prometo que esta é uma tática mais eficaz do que ficar mastigando o seu sofisticado shakshuka em silêncio.)

Quando você é sincero sobre o que deseja e precisa, é mais provável que OBTENHA essas coisas. Então, por que dificultar que os outros entendam o que você está querendo?

Isso não é um sermão, povo. É um estilo de vida.

Cinco coisas que consegui simplesmente pedindo

Cartões de visita

Um escritório

Um gatinho

Algumas horas para mim mesma

Um sanduíche fora do cardápio

Seja crítico consigo mesmo

Todos nós merecemos algumas folgas nesta vida única e preciosa, então, se você se exceder um pouquinho de vez em quando — especialmente caso for o único afetado (ou barrado da boate) — não é o fim do mundo. Mas é importante tentar manter a autoconsciência em relação às consequências negativas do seu comportamento em outras pessoas. Por exemplo: perceber que você estava monopolizando a conversa involuntariamente e recuar um pouco; ou que começou a falar alto demais em um funeral e abaixar o tom; ou que seu senso de humor inapropriado não está combinando com os convidados da festa de aposentadoria de seu pai e se conter... bastante. E, concessões à parte, se alguém precisar pedir uma vez que você se acalme (espetar sua perna sob a mesa para impedi-lo de contar aquela piada inapropriada), não faça a pessoa pedir/espetar duas vezes. Adultos de Verdade entendem o aviso.

Falando e fazendo

Avaliar e expressar sinceramente seus desejos e necessidades faz parte de se autoconhecer. Mas também é preciso apoiar suas palavras com ações: **agindo de acordo com o que disse, cumprindo promessas e estabelecendo limites.** Como quando você pediu aquela prorrogação ao seu chefe não mentalista; se ele a conceder, a responsabilidade de usar o tempo extra com sabedoria e cumprir o novo prazo é sua. Ou, por exemplo:

> Se COMO você estava sentindo era raivoso, e o PORQUÊ era o fato de que seus colegas de banda lhe prometeram um solo no show passado e depois mudaram de ideia no último minuto, alegando que você ainda não estava pronto, e O QUE você decidiu fazer foi dobrar o tempo de ensaio, então isso foi muito maduro da sua parte. Bem feito! E agora, se e quando *tiver* outra chance de arrasar, a sua responsabilidade é se manter digno *dessa* oportunidade, mantendo-se no mesmo padrão que desejava que os outros reconhecem.
>
> Ou, vamos supor que o COMO você estava sentindo era envergonhado, o PORQUÊ era o fato de ter se comportado mal com sua família, e O QUE você decidiu fazer a respeito foi pedir desculpas sinceras e humildes. Novamente, muito maduro. Apenas observe que, se conseguiu reconquistar alguém com um pedido de desculpas aparentemente sincero, uma ótima maneira de *manter* essa pessoa ao seu lado é cumprir sua palavra e se comportar.

E se você comunicou seus desejos e necessidades e *ainda* indicou o que é capaz de oferecer em troca, então, uau, sua autoconsciência não tem limites!

Por exemplo, talvez tenha conseguido falar a verdade quando seu parceiro perguntou por que você estava tão distante ultimamente, dizendo-lhe COMO estava se sentindo (infeliz no relacionamento); POR QUE (porque parece que é você que precisa fazer tudo para manter a casa de vocês funcionando); e O QUE decidiu fazer a respeito (pedir a ele que contribua mais com as tarefas, planejamento ou outro trabalho emocional, ou talvez você tenha que reconsiderar essa "parceria" como um todo). Ótimo trabalho em falar a verdade. Eu sei que não foi fácil. Mas você ainda precisa agir de acordo com as palavras que expressou e não se deixar ser pisoteado, o que pode significar impor as consequências que expôs tão sinceramente. Se seu parceiro não consegue se recompor, isso é com ele; mas, se você não pode se ater aos seus limites expressados, todo esse sucesso de curto prazo em falar a sua verdade se torna um fortaleza fracassada no longo prazo.

Quando se trata manter uma comunicação sincera e a própria integridade, nunca é tarde demais para se transformar de uma pessoa que murmura, desconversa e desiste em **alguém que fala sua verdade E a sustenta com suas ações.**

Todos nós somos culpados de fazer o oposto em algum momento. Em alguns casos, foi porque realmente não conhecíamos uma opção melhor. Ainda não tínhamos a autoconsciência, as palavras para expressá-la ou a coragem de nossas convicções. E isso é aceitável, mas essas não são — ou, pelo menos, não deveriam ser — desculpas eternas.

Já que você pode *acumular* autoconsciência, *praticar* as palavras e *reunir* a coragem de suas convicções, se realmente desejar.

E você ainda está lendo, então diria que está à frente no jogo.

Olhe para os dois lados

Falando em "estar à frente no jogo", gostaria de encerrar nossa saga sobre autoconsciência **com uma breve discussão sobre privilégio.**

O restante da Parte II deste livro trata, majoritariamente, da comunicação educada, gentil e respeitosa como grande protagonista. No entanto, praticar isso *enquanto* verifica seu privilégio — para descobrir preconceitos e/ou pontos cegos potenciais que poderiam levar a comportamentos desagradáveis — é **outro nível de autoconsciência e maturidade que vale a pena destacar, mesmo que isso possa deixar você um pouco desconfortável.**

Pessoal: eu já passei por isso, já dei um passo em falso e entendo. Ainda cometo erros e tento aprender com eles. Mas é precisamente *porque* desejei tanto que alguém tivesse tido essa conversa comigo mais cedo na vida que quero abordar o assunto aqui, na esperança de esclarecer algumas coisas para quem mais estiver com dificuldade em entender o conceito do próprio privilégio, ou quem nem esteja ciente dele.

Da minha parte, além de ser branca, heterossexual e cisgênero, também me beneficiei de uma unidade familiar estável e acesso ao ensino superior, além da sorte de ter uma carreira lucrativa, um casamento sólido e mais. A única forma de eu ter *mais* privilégios seria se fosse um cara, mas estou quase no topo dessa pirâmide.

Entendo isso agora, mas nem sempre foi assim.

E me sinto envergonhada ao pensar nas discussões lamentáveis (e, infelizmente, bastante públicas) em que me envolvi no passado, que surgiram da minha incapacidade de entender o que é privilégio — que vai além de simplesmente ter dinheiro ou status — e como minha condição privilegiada me beneficiou de muitas maneiras. O melhor que posso fazer é usar essas interações como momentos de aprendizado, e é por isso que estamos aqui.

Se minha experiência pessoal servir de guia, acho que uma das razões pelas quais as pessoas ficam na defensiva quando a noção de privilégio entra em jogo é que **sentem que reconhecer *sua condição* as faz parecer, de alguma forma, menos "merecedoras"** das coisas que trabalharam duro para conquistar.

Mas aqui está a questão: privilégio não significa que você não trabalhou duro para conquistar coisas. Significa que *quem você é* não *dificultou* esse processo.

Raça, sexualidade, gênero, status socioeconômico, habilidade física e até mesmo a localização geográfica podem limitar ou aumentar o acesso de uma pessoa a recursos e oportunidades. Portanto, você pode ter dado o melhor de si, mas também pode ser que tenha feito isso em **um contexto consideravelmente inclinado a seu favor.**

(Você também pode *não* ter se esforçado tanto e, *ainda assim*, sido bem-sucedido, e isso pode *definitivamente* ser o resultado de um privilégio, quer reconheça ou não.)

E, novamente, em minha experiência, outra maneira pela qual as pessoas revelam a falta de consciência dos próprios privilégios ocorre quando ***acham* que estão sendo solidárias (e até mesmo progressistas!) em suas opiniões expressas**, sem perceber que o efeito do que estão dizendo ou fazendo é, na verdade, exatamente o oposto.

Um exemplo seria uma pessoa heterossexual e cisgênero que diz a um amigo queer ou trans, o qual se assumiu no privado, mas não publicamente, que "É só se assumir! Todos te amamos, e estamos no século XXI, ninguém se importa!"

Se você já fez isso, pode ter pensado que estava sendo um bom amigo e realmente acreditou no que disse, precisamente porque quem VOCÊ é não dificulta o acesso a direitos civis, como o casamento, ou direitos humanos básicos, como cuidados de reafirmação de gênero, então simplesmente não está ligando os pontos. E **essa falta de autoconsciência pode ser dolorosa em termos pessoais, bem como em uma escala maior**, quando se trata de situações como contratação, ensino, policiamento ou votação às cegas.

Se você é alguém que claramente *não tem* privilégios, nem muito acesso a recursos para alcançar seus objetivos, ou que não teve a oportunidade de perseguir essas metas desde o início, eu sei bem que nunca compreenderei verdadeiramente quão difícil, frustrante e doloroso isso é para você. No entanto, espero que estas páginas possam, de alguma forma, fazê-lo se sentir reconhecido e contribuir para alavancar as conversas sobre equidade e igualdade com seus colegas mais privilegiados.

De qualquer forma, se você está comprometido em se tornar um Adulto de Verdade autoconsciente, **cabe a você aceitar essas realidades e colocá-las em contexto.**

Aceitar seu privilégio não envolve apenas ter empatia e compaixão pelos outros. Pode começar aí, mas deve levá-lo a **questionar seu lugar no mundo;** entender que você pode ter vantagens intrínsecas; estar disposto a admitir que sua *falta de consciência* dessas vantagens pode tê-lo levado a agir de maneira que prejudicou alguém, ou um grupo de pessoas; e, o mais importante, estar disposto a mudar.

À medida que me tornei mais consciente dos meus privilégios, tenho tentado mudar como penso, falo e ajo em relação a questões como raça e identidade de gênero. Também tenho feito um esforço para falar quando vejo outras pessoas cometendo os mesmos erros que cometi.

E adivinha? **É difícil parar de ser quem você sempre foi e de dizer o que sempre disse como sempre disse!** E é ainda mais difícil apontar coisas complicadas e desconfortáveis para outras pessoas. Ainda assim, é preciso fazer isso.

Reconhecer os privilégios é um desafio, e enfrentar esse desafio requer **disposição para olhar nas duas direções: PARA sua própria experiência e também PARA FORA dela.** Pode começar buscando perspectivas de pessoas que são diferentes de você — uma maneira fácil e acessível de se autoeducar.

Siga pessoas que você não costuma ter em suas redes sociais ou hashtags relacionadas (por exemplo, #vidasnegrasimportam ou #direitostranssãodireitoshumanos), que automaticamente preencherão seus feeds com diferentes perspectivas.

Consulte artigos, livros ou podcasts que exponham você a questões desconhecidas, exploradas pelas pessoas que estão lidando com elas diretamente em suas vidas.

Em seguida, reflita como a sua experiência se compara com as que viu. Pergunte-se, com base no que você aprendeu: você ocupa um lugar privilegiado na sociedade? E, se for o caso, use esse novo entendimento para informar suas ações e comportamento no futuro.

É extremamente valioso expandir a sua perspectiva de mundo, em qualquer idade. Espero que você se junte a mim nessa busca e que, independentemente de onde esteja em sua jornada de amadurecimento, comprometa-se a ser mais consciente do que está pensando e dizendo e de como o seu nível de privilégio e o dos que estão à sua volta se encaixam em tudo isso — seja em um jantar com velhos amigos ou online entre estranhos .

E, veja bem, você não sabe o que não sabe. Às vezes, é assim que as coisas são, e tudo bem. Como alguém que tinha 39 anos quando descobriu que um animal espiritual é um totem sagrado e não uma frase que deve ser apropriada por alguém que não seja nativo americano em uma legenda do Instagram (ou em qualquer outro lugar), não tenho autoridade para dar sermão a ninguém sobre o que você "deveria saber" e quando.

Mas direi o seguinte:

Uma vez que passa a SABER, é importante assumir a responsabilidade e tentar melhorar.

Autocontrole

Agora que aprendeu a *avaliar* como se sente e do que precisa, falaremos sobre *expressar* isso da maneira mais madura e estratégica — especialmente quando você se sentir irritado, injustiçado ou oprimido. Manter a compostura nessas situações tende a resultar em um *progresso real em direção ao seu objetivo,* o que deve superar a satisfação inicial que pode surgir de um acesso de raiva ou confrontação. Os ganhos em curto prazo são claros, e construir sua reputação como uma pessoa tranquila lhe será bastante útil no longo prazo.

Comporte-se

A educação sempre foi o segundo pilar sólido da minha coleção de Guias F*da-se. E, como no caso do outro pilar, a sinceridade, espero que seja óbvio que **todos nós devemos ser educados porque é a coisa certa a fazer.**

Diga "por favor" quando você quiser algo, "obrigado" quando receber algo e acrescente um "de nada" quando alguém fizer a coisa certa e agradecer a VOCÊ. Se quiser adicionar "senhor" ou "senhora" no final, isso pode ser um bom toque final, mas tome cuidado ao usar honoríficos específicos de gênero. Chamar alguém pelo nome é uma excelente alternativa para evitar o uso acidental de pronomes inadequados e, se você não souber o nome da pessoa, só precisa perguntar (ou verificar se ele está na etiqueta presa à roupa dela).

De qualquer forma, UAU! **Aplausos para a sua decência humana básica!**

Mas, se você está procurando ainda mais MO-tivação do VSCP para ser um adulto maduro, veja só: **ser educado é mais do que apenas uma busca altruísta; também é *estratégica*.** Ficar atento às boas maneiras aumentará seus níveis de respeito e reputação de forma consistente e significativa. E, se isso parece desagradável ou estritamente transacional para você, considere o seguinte:

Como *você* se sente quando alguém o trata com gentileza, consideração e respeito? Como tende a responder e recompensar esse comportamento?

Por outro lado, quando alguém interrompe, ignora você ou constantemente destaca suas falhas e ignora suas conquistas, como você se sente com isso?

A Regra de Ouro diz "Fazei aos outros o que quereis que vos façam". (Eu não inventei isso; está na Bíblia, e pode ser chocante saber que sua guru da boca suja leu esse livro de cabo a rabo. O que posso dizer? Gosto de surpreender.) E, quando se trata de ser educado, seguir a velha Regra de Ouro resulta em duas grandes vitórias que têm ramificações adoráveis para sua vida cotidiana:

1. **Quando se é educado, as pessoas GOSTAM mais de você.**

Agora, talvez no fundo do seu coração você não se importe muito se as pessoas gostam de você, o que eu entendo perfeitamente. Mas, independentemente disso, os benefícios que resultam de ser bem-visto são numerosos e bem documentados — e ser educado é *tão* fácil —, parece ser uma escolha óbvia a fazer. Por exemplo:

- **Deseja causar uma boa impressão nos futuros sogros?** Fale gentilmente com eles *e* com o seu amado dachshund, Reginald. Siga as regras tradicionais de etiqueta (por exemplo, leve um pequeno presente, elogie a casa deles, envie um agradecimento pelo adorável brunch) e algumas menos tradicionais, como "nada de sexo barulhento no sofá-cama" e "não deixe o banheiro fedorento se puder evitá-lo". Em caso de emergência, um frasco de *Poo-Pourri* tamanho viagem é seu amigo, amigo.
- **Gostaria de ter um pouco mais de apoio no trabalho?** Se você criar o hábito de elogiar a habilidade de seu colega no PowerPoint, aposto que ele se sentirá muito apreciado e será solícito no dia em que você precisar contar com a ajudar deles para aprimorar a sua apresentação.

DICA PRÓ-ADULTO: Não sei quem precisa ouvir isso, mas, se você passar o fim de semana (ou mais do que isso) na casa de outra pessoa, deve, no mínimo, oferecer-se para cozinhar, lavar a louça ou pagar por um delivery ou compras de mercado; limpar a pia e o chuveiro que sujou com sua pasta de dente e seu creme de cabelo e fazer a cama antes de ir embora. Mesmo que seus amigos tenham um serviço de limpeza ou insistam que "não é problema nenhum" tê-lo por lá, ADULTOS FAZEM A P*RRA DA CAMA.

- **Tem amigos com uma casa no lago na qual você gosta de passar fins de semana prolongados?** Seja um convidado cortês e será convidado novamente. (E ainda conseguirá o melhor quarto.)

> **Quando as pessoas gostam de você, é mais provável que**
>
> Encaixem-no quando tudo está "completamente esgotado"
>
> Convidem-no como acompanhante para uma festa incrível
>
> Deem um desconto quando você se comporta mal
>
> Relaxem e sejam agradáveis (sempre útil com os sogros!)

2. **Quando você é educado, as pessoas te RESPEITAM mais.**

Simpatia é uma coisa; respeitabilidade é uma questão completamente diferente. E não importa como você se sente em relação à primeira, eu recomendo fortemente que encoraje a segunda, que leva a uma via de mão dupla muito boa. Por exemplo:

- **Quer tornar o seu dia de viagem mais agradável?** Ser respeitoso com os trabalhadores da companhia aérea e comissários de bordo é uma maneira infalível de ser visto como alguém "não babaca", o que pode resultar em um assento melhor, um segundo lanche ou uma dose extraforte de gim e tônica — enquanto o palhaço desrespeitoso na sua frente é submetido a uma verificação de segurança "aleatória" adicional e recebe a garrafa de vinho branco mais quente a bordo.

- **Quer tirar o maior proveito do seu cargo de nível inicial?** Mostrar o máximo de respeito pelos seus colegas e superiores demonstra que você pode ser confiável para ser digno e discreto, e isso pode resultar em convites mais frequentes para participar de reuniões de alto nível e conhecer contatos influentes.
- **Está esperando que seu parceiro concorde em fazer uma grande mudança ou uma alteração com a qual ele ainda não se sente confortável?** Dedique tempo para ouvir respeitosamente suas preocupações e demonstre sua disposição para resolvê-las. Às vezes, não se sentir ouvido pode ser o maior obstáculo de todos.

Quando as pessoas o respeitam, é mais provável que

- Confiem em você
- Apoiem-no
- Temam-no (Olha, é uma vantagem.)
- Deixem você fazer o seu trabalho em paz

Sim. **TODOS ESSES BENEFÍCIOS, E MUITO MAIS, PODEM SER SEUS.** Especialmente se você estiver disposto a se aventurar em formas ainda mais impressionantes (e igualmente fáceis) de cortesia, além de *por favor* e *obrigado.*

Isso é transacional? Tudo bem, é, mas não de uma maneira nojenta *à la* "estou tirando vantagem de alguém"; apenas algo como "estou seguindo a Regra de Ouro, e, se isso der um empurrãozinho subliminar e motive alguém a fazer o mesmo, então funciona bem para ambos". Se está na Bíblia, como isso pode ser errado?*

Seis maneiras extraordinariamente impressionantes e igualmente fáceis de ser educado, além de dizer "por favor" e "obrigado"

Fique quieto

Aqui está uma bela dica: você pode ser educado sem dizer uma palavra! Bebês de Verdade balbuciam e gritam, independentemente de quem está falando. Bebezões não deixam seus celulares no silencioso durante um filme e falam por cima dos outros em reuniões. Até mesmo os Adultos em Teoria às vezes não resistem e sussurram para um vizinho. (ESTAMOS TE OUVINDO, MARSHA.) Mas **os Adultos de Verdade sabem que o silêncio é ouro.** Eles não interrompem. Ouvem quando outros estão falando; ficam quietos quando as pessoas estão se apresentando e mantêm a boca fechada quando a Tia Sarah claramente está fazendo uma pausa de efeito e não está buscando contribuições da plateia. Muito agradecida

* Não responda isso.

Morda a língua

> **Alternativas educadas para além de *por favor***
>
> Posso?
>
> Podemos?
>
> Você se importaria muito?
>
> Eu poderia ousar pedir?
>
> <ajoelhar e fazer um gesto de reverência>

Outro modo de "ficar em silêncio" é a abordagem clássica de **"Se você não tem nada bom a dizer, não diga nada"** para ganhar amigos e influenciar pessoas. (Não sei dizer o quanto meus amigos, familiares e colegas me considerariam menos educada se eu tivesse o hábito de dizer em voz alta tudo o que está marretando nos recantos mais sombrios do meu cérebro. Vixe.) Para ilustrar isso, considere os seguintes cenários:

Seu amigo anuncia com orgulho seu plano de se tornar um instrutor certificado de ioga de cabritinhos. Você, um Adulto em Teoria com uma deficiência de educação, cospe seu café, ri e diz: "Você está brincando, certo?"

OU

Você, um Adulto de Verdade, engole seu café, abre os olhos em sinal universal de "Bacana!" e observa em silêncio enquanto seu amigo diagrama com entusiasmo o novo cercado de cabras para o quintal.

*

Seu colega de apartamento está pendurando pôsteres do Willem Dafoe em todas as paredes do quarto. Tipo, uma porrada de pôsteres. Você, um bebê imaturo, ri quando vê isso acontecendo e diz: "*Sério,* o Duende Verde? Você tem um fetiche por caras velhos e estranhos ou algo assim?"

OU

Você, um adulto maduro, NÃO DIZ UMA PALAVRA e deixa os Dafoes pendurados onde bem entenderem, porque isso não afeta em nada a sua vida, e além do mais criticar as taras pessoais dos outros não é uma coisa legal.

*

Seu supervisor revela um slogan surpreendentemente bobo para incentivar o trabalho em equipe e aumentar a produtividade. Algo como: SE PODEMOS SONHAR, PODEMOS TRABALHAR EM EQUIPE! Você, quase um Bebezão, vai para o canal do Slack da empresa fazer piadas imaturas às custas do seu chefe, esquecendo-se da existência de coisas como "capturas de tela". (Sem mencionar "colegas de trabalho sem nenhuma lealdade a você".)

OU

Você, um ADV maduro e respeitoso, simplesmente acena com a cabeça, sorri e volta ao trabalho — com todos os pensamentos irônicos e depreciativos que os confins de sua mente podem gerar, mas nunca, em hipótese alguma, colocando-os por escrito.

Você entendeu a ideia. Desprezar as pessoas não é necessário e certamente não é legal. Além disso, um dia você pode precisar de leite de cabra, ou de que seu colega de quarto ou seu chefe ignorem um deslize seu. Quando esse dia chegar, você ficará feliz por ter aprendido a controlar sua língua em vez de deixá-la solta por aí.

Alternativas educadas para além de *muito obrigado*

Sou muito grato.

Você é o melhor!

Abençoado seja.

Você é um anjo enviado do céu.

<compor um haiku de agradecimento>

Elogie

Priorize dar o devido crédito. Elogiar um trabalho bem-feito, uma festa bem planejada ou um peru bem temperado sempre deve ser a sua resposta padrão quando se trata dos frutos do trabalho de outra pessoa. Mantenha alguns elogios educados na manga e você será o convidado, colega, companheiro de equipe e membro da família favorito de todos em pouco tempo. Por exemplo:

> "Ei, excelente trabalho hoje!"
>
> "Sou um grande fã do seu trabalho."
>
> "Eu vi o que você fez e agradeço."
>
> "Você realmente faz isso parecer fácil."
>
> "Esse deve ser o melhor [insira o item de comida caseira] que já comi!"

"Meu Deus, que bundão!"

Os elogios não são todos iguais. Na grande tradição de "pense antes de falar", por favor, reserve um momento para ter certeza de que qualquer elogio que você acha que está transmitindo é *realmente agradável* e não estranhamente ofensivo, como evocar os fracassos passados de alguém para "elogiar" seu sucesso recente ("Ah, eu nunca achei que você entraria na pós-graduação com essas notas. Parabéns!") ou usar tropeços tóxicos para comentar sobre sua aparência. Há uma linha tênue entre "Você está ótimo" e "Permita-me objetivar seu corpo e/ou insinuar que havia algo errado com você antes de perder peso/tomar Roacutan/crescer a franja". Na verdade, você sabe o quê? Não é uma linha tênue. É uma linha espessa e óbvia e fácil de não ultrapassar, então não ultrapasse.

Seja diplomático

Se você precisa discutir um ponto ou apontar uma falha, deve resistir ao desejo de dar um sermão, repreender ou menosprezar — e isso vale para melhores amigos, chefes e todos os outros. A menos que você esteja especificamente almejando o trabalho de Gordon Ramsay na Food Network, é melhor controlar seu temperamento e abordar conflitos com equilíbrio. Vou entrar adiante em mais detalhes sobre *como* diminuir a intensidade da situação em **"Não fale assim comigo"**, mas aqui estão alguns exemplos para colocar suas táticas diplomáticas em ação:

O QUE VOCÊ ESTÁ PENSANDO	O QUE PODE DIZER NO LUGAR
Nossa, você é a pessoa mais imbecil que eu conheço.	"Talvez valha considerar outro ponto de vista a esse respeito."
Você não poderia estar mais errado.	"Deixe-me apresentar alguns fatos que podem fazer você pensar de maneira diferente."
Vá pra merda, você e todo o resto.	"Confesso que vejo essa questão de forma um pouco diferente. Podemos discutir sobre ela?"

(E mais uma coisa — eu sou totalmente a favor de ser respeitoso com sinceridade, mas vamos evitar aquelas introduções falsamente educadas "Com todo o respeito" e "Sem ofensa, mas...". Acho que todos sabemos que ninguém nunca começou uma frase assim e realmente quis dizer isso.)

Seja atencioso

Os leitores dos meus livros *A Mágica Transformadora do F** e *Não, P*rra!* sabem que sou grande fã de deixar a pessoa fazer o que quer — e *não* fazer o que *não* quer — desde que ela seja educada a fazê-lo. Por exemplo, qualquer que seja a sua intenção ao responder a um convite, envie essa resposta em um período oportuno. É falta de educação deixar uma pessoa esperando quando ela tem uma festa inteira para planejar, orçar e executar, e *você* só precisa marcar sua presença no formulário.

(Também é falta de educação cancelar no último minuto sem um bom motivo. Então, se você não tiver um, pelo menos seja atencioso o suficiente para inventar um álibi incontestável, seu bebezão.)

Se pretende comparecer a um evento para adultos, *mantenha-se* atencioso ao respeitar a lista de convidados, o horário de início, o horário de término e o ambiente geral. Há um momento e um lugar para levar acompanhantes (ou muitas pessoas) e para ficar completamente bêbado no futon do seu anfitrião no final da noite, e esse momento é quando você está na casa dos 20 anos em uma festa de apartamento. Os Adultos de Verdade sabem quando é apropriado — e quando definitivamente não é — levar um convidado (ou uma criança, ou um animal de estimação), ou chegar tarde ou sair mais cedo.

E caso exagere e vomite no seu edredom, um adulto tem a capacidade de se desculpar imediatamente e de forma profusa, além de levar o edredom para a lavagem a seco sem ser necessário você pedir. Isso significa que há uma boa chance de ele ser convidado novamente, porque **os Adultos de Verdade também sabem: você pode ser perdoado por MUITAS gafes, se fizer o esforço de ser atencioso em relação a isso.**

Alternativas educadas para além de *por nada*

Foi um prazer.

Sem problemas.

Faria qualquer coisa por você!

É para isso que servem os amigos.

<sorrir, apontar, piscar>

Precisa cancelar os planos? Faça isso o mais cedo possível.

Infelizmente, é uma coisa de última hora? Assuma a responsabilidade por qualquer inconveniência que tenha causado e peça desculpas.

Não encontrou um momento para enviar um bilhete de agradecimento? Tudo bem, mas certamente você pode enviar uma mensagem de texto agradável.

Não conseguirá cumprir um prazo? Avise seu chefe/cliente/colega o mais rápido possível.

Vai atrasar com o aluguel? Idem, jovem.

E, seguindo o estilo de "deixar o melhor para o final"...

Seja gentil

Segurar a porta para um vizinho apressado. Oferecer um copo d'água ao entregador. Ceder o seu lugar no ônibus ou na fila para alguém que parece precisar mais. **Realizar atos aleatórios de bondade fará você se sentir bem e fará com que outras pessoas tenham uma boa impressão *de você* também.**

Só há vantagens nisso, para todos os envolvidos.

* * *

Sim, meus queridos. Seus amigos e familiares, colegas de trabalho, agentes de portão e dates apreciarão que você é um adulto maduro que não é apenas *educadinho*, mas também silenciosamente respeitoso, elogioso, diplomático, atencioso e gentil — e, pela minha experiência, estou certa de que você receberá essas vibrações positivas em retorno.

Quero dizer, eu uso todas as palavras certas e nenhum gesto ofensivo, e estou aqui para dizer que a tia Sarah costuma conseguir o que quer (e dos atendentes de recepção).

Você pode chamar de transacional se quiser, mas *não pode* dizer que não funciona.

Não fale assim comigo

Tudo bem. Depois de ter te alertado para não ser mal-educado, agora vamos trabalhar no seu humor e melhorar sua atitude. Bem-vindo à parte do **ENFRENTAMENTO** no Ciclo PCE, onde os ataques de raiva temem pisar!

Você nem sempre vai conseguir o que quer. Esta é uma das lições mais brutais que aprende à medida que envelhece e quando ela se manifesta, **o jeito maduro de expressar sua decepção** — garantindo o melhor resultado e o menor efeito negativo para VOCÊ — é permanecer:

CALMO

PREPARADO

ARTICULADO

e

RESPEITOSO

Neste capítulo, vou fornecer uma série de estratégias para você alcançar esse estado e **manter sua autodisciplina de um jeito maduro quando as coisas ficarem difíceis.** Mas, primeiro, como parte do meu charme está na maneira como continuo acessível e com os pés no chão até quando aconselho sabiamente as massas, pensei em compartilhar, para servir de advertência, **uma história sobre uma vez em que a Tia Sarah esqueceu o ABC** e não lidou muito bem com as consequências, nem um pouquinho.

E então abordaremos o que eu poderia (e deveria) ter feito diferente.

A calmaria antes da tempestade de tuítes

Há muitos anos (embora não tantos a ponto de eu ter qualquer desculpa para meu comportamento imaturo), estive envolvida em uma transação profissional que deu errado. Vou poupar você dos detalhes; eles não são especialmente relevantes, e tentar explicar os meandros do mundo editorial iria contra o meu objetivo de tornar este livro *ágil.* Basta dizer que me senti injustiçada e resolvi fazer a coisa menos adulta do mundo: recorri ao Twitter com minha reclamação.

Fiz questão de não dar nomes, mas, ainda assim, foi um erro de novata. Após postar meu comentário ácido no Twitter, tomei [mais] uma taça de vinho e fui dormir.

Quando cheguei ao trabalho na manhã seguinte, encontrei algumas folhas de papel sobre a minha cadeira, e, ao pegá-las e lê-las, meu estômago deu uma reviravolta digna de Simone Biles e suas acrobacias de solo. A primeira página era uma impressão de uma troca de e-mails entre o colega sobre o qual eu tinha resmungado no Twitter — que se reconheceu no meu tuíte desagradável, mesmo que ninguém mais o tenha feito — e MEU CHEFE, para quem meu inimigo tinha me dedurado, apontando que um de seus subordinados estava agindo como uma criança mimada nas redes sociais.

A segunda página era uma impressão dos tuítes em questão. "Me procure assim que chegar" estava rabiscado no topo com caneta azul. *Meeeerda.*

Felizmente, até aquele momento, eu tinha um excelente histórico como funcionária madura e responsável, então meu deslize juvenil foi tratado como "cartão amarelo" em vez de "cartão vermelho, fora!" Ainda assim, passei por uma conversa desconfortável com meu chefe e tive MUITA SORTE de as coisas não terem sido piores.

Acreditem em mim, pessoal, este não é um caminho que vocês vão querer trilhar.

Portanto, com essa história em mente, voltemos ao primeiro dos quatro jeitos maduros de enfrentar e expressar sua decepção: manter a **CALMA**.

É hora de se acalmar, meu povo.

Sem fuzuê

Em termos de desenvolvimento infantil, o "autorrelaxamento" é quando um bebê consegue adormecer (ou *voltar* a dormir) sem intervenção ou encorajamento de um cuidador — e idealmente sem muito choro, chutes ou gritaria, pelo bem de todos. Embora, a meu ver, a parte do "auto" é um pouco equivocada, já que, antes de o bebê sequer levantar um dedo enrugado para apertar o botão de "soneca", são *os adultos ao seu redor* que precisaram fazer o trabalho de "estabelecer uma rotina" e "investir em uma máquina de ruído branco" e "fazer persianas de isolamento caseiras com papel alumínio para que o sol não atrapalhe tudo".*

De qualquer forma, como já estabelecemos: VOCÊ não é um bebê. Então, aqui em *Vê se cresce, p*rra!* vamos falar sobre algumas técnicas reais de "auto" relaxamento que ajudarão você a aprimorar sua capacidade de **processar emoções difíceis de um jeito maduro, saudável e produtivo.**

---

* Ajudei uma amiga que é mãe a fazer isso. Foi DOIDEIRA.

Se você acabar precisando controlar seus piores impulsos, aqui estão **três dicas para permanecer calmo e manter a cabeça fria** — além de preservar seu emprego, seus relacionamentos e sua autoestima.

Coloque-*se* "de castigo"

Quando eu estava na creche, ficar de "castigo" significava ser enviada para sentar no canto e pensar sobre o que quer que eu tivesse feito para ser mandada para lá. Considerando as punições como um todo, tratava-se de algo leve, já que isso me permitia ter um espaço para me acalmar, refletir e talvez até tirar meleca em paz. Hoje, vamos usá-lo **não como uma punição, mas como uma medida preventiva.**

De acordo com o exercício anterior de COMO/POR QUE/O QUE, digamos que você identificou que COMO está se sentindo é "irritado", POR QUE está se sentindo assim é "porque está sendo terrivelmente subvalorizado no trabalho", e O QUE você fez para abordar isso é "ter coragem para pedir uma promoção". Parabéns! Infelizmente, seu supervisor respondeu algo como "Isso não vai acontecer". Ou talvez ele tenha o ignorado propositalmente por uma semana. De qualquer forma, você não conseguiu o que deseja, ainda se sente irritado e desvalorizado e agora está com raiva e prestes a reagir de maneira imprudente.

NO ENTANTO! Você não é uma criança; é um adulto com excelente gosto para livros de autoajuda. Portanto, em vez de enviar um e-mail do tipo "Mas que merda...?" ou armar para encontrar seu chefe ausente no banheiro — o que provavelmente não terá um bom resultado —, você vai se dar um "castigo" *preventivo.*

Isso mesmo, parceiro. Eu quero que você vá ficar no seu cantinho real ou metafórico e **recite silenciosamente os princípios até que você SE ACALME, p*rra.**

Minhas ações e comportamento têm consequências.

Minhas ações e comportamento têm consequências.

Minhas ações e comportamento têm consequências.

Em seguida, quando achar que está pronto para emitir uma resposta madura, REPENSE e mantenha em mente minha próxima dica para não se atrapalhar. (Outra coisa que bebês não fazem muito bem. Bobinhos.)

O Triplo O

No jargão do local de trabalho, **"OOO"[sigla em inglês para "Out Of Office"] significa "Fora do Escritório"**. Isso acontece quando você configura uma resposta automática no seu programa de e-mail que informa às pessoas que elas não receberão uma resposta imediata — porque você está de férias, em licença parental, doente, ou por qualquer outro motivo. A ideia é "não estou aqui, não vi sua mensagem, e você não receberá uma resposta até que eu volte". Mesmo na cultura dos EUA, centrada no trabalho, a maioria dos colegas, clientes, chefes e estranhos que aparecem na sua caixa de entrada estão condicionados a aceitar essa mensagem automática de primeira.

Então eu digo, por que não aproveitar um pouco dessa tática de adiamento altamente bem-sucedida de "Hoje não, Satanás!" e aplicá-la *sempre que* você precisar de um pouco mais de tempo e espaço antes de responder de uma vez por todas, seja em uma situação profissional OU pessoal?

Da próxima vez que alguém encher o seu saco, não parta pra cima deles que nem um maconheiro com sua encomenda noturna do Taco Bell, tente esse truque:

> Pisque duas vezes (como se a placa-mãe do seu cérebro acabasse de receber a instrução de "retorno") e diga algo como: **"Ah, ok, estou ocupado com algumas outras coisas agora, então deixe-me responder quando tiver disponibilidade."** Ou se você não é alguém que pode usar a expressão "quando tiver disponibilidade" de forma séria, substitua por "quando eu tiver uma folga".
>
> Não tem problema! Adapte a frase para o seu estilo.

Resumindo, **o truque do "Fora do escritório" ajuda a evitar uma reação "fora da casinha" no momento.** E, mais uma vez, esse conselho não se limita ao ambiente de trabalho.

Por exemplo, suponha que você seja um adulto tentando equilibrar seus compromissos de adulto, como trabalhar o dia inteiro e chegar em casa a tempo para esperar, dentro de uma janela de quatro horas, pelo técnico da TV à cabo enquanto, concomitantemente, precisa fazer o jantar, lavar os pratos, ligar para seu pai para verificar como ele está se recuperando da cirurgia da semana passada — ah, e vamos acrescentar "fazer a lista de compras para amanhã, porque, se você não fizer agora, acabará fazendo compras impulsivas com fome (e raiva) e desperdiçando seu orçamento de comida em biscoitos recheados e carne seca".

No meio do processo de executar essa impressionante façanha de ser adulto, seu melhor amigo liga para despejar sobre você uma crise resultante das previsíveis consequências das ações dele [decididamente não adultas]. Você está se sentindo um pouco sobrecarregado, mas não gostaria de descontar sua falta de disponibilidade gritando "Me deixe em paz!" para o seu amigo e jogando areia metafórica nos olhos dele, lidando com isso como se estivesse de volta ao jardim de infância. Você quer ser educado e atencioso, mas também quer adiar essa conversa até estar pronto para ela.

Então, use a cabeça como se estivesse usando o Outlook ou o Gmail e elabore uma resposta apropriada e inócua que servirá para colocar a situação em espera enquanto você recupera o fôlego. Algo como: **"Desculpa, mas não é um bom momento. Ligo de volta amanhã, ok? Te amo, tchau!"**

<Clique>

Sua vez: como exercício, escreva algumas respostas ou frases prontas que você poderia usar para controlar sua reação impulsiva. (Pessoalmente, gosto de usar um simples "Entendi!" como resposta inicial em e-mails, mensagens ou pessoalmente. Uma palavra, educada e não faz promessas.)

____

____

____

Às vezes, você só precisa de um intervalo bem cronometrado e/ou um “Fora do Escritório” executado com maestria para controlar um acesso de raiva em ascensão — e então pode **seguir em frente e se expressar de maneira eficaz, usando o restante das dicas deste capítulo**. Incrível. Mas, outras vezes, talvez você queira experimentar mais uma estratégia para se acalmar que poderia lhe poupar o trabalho de ter que se expressar em primeiro lugar...

Simplesmente deixe pra lá

Uma das minhas pérolas mais populares de sabedoria da minha série de Guias F*da-se está no meu livro *Calma aí, p*rra!* Eu a chamo de **A Pergunta Que Decide Tudo: *posso controlar isso?*** Se a resposta for não, você precisa deixar pra lá.

Ao reagir ou responder a alguém que lhe fez mal, a Pergunta Que Decide Tudo pode ajudá-lo a eliminar o ruído, parar de se preocupar com coisas que não pode controlar (ou seja, alívio) e se concentrar produtivamente em outras que tragam alegria e ordem à sua vida (ou seja, recompensa).

Pergunte-se: interagir com seu antagonista irá melhorar sua situação ou piorá-la? Quais são as consequências aqui? Existe realmente algo que você possa dizer para orquestrar um melhor resultado para si mesmo, ou estaria apenas desperdiçando tempo e energia batendo a cabeça contra uma parece de tijolos imbecis?

Você pode controlar essa situação? Não? Então sabe o que fazer.*

Deixar pra lá é a atitude mais madura de todas. Entendo que isso possa parecer mais fácil falar do que fazer, mas, se servir de incentivo, saiba que não há sensação melhor no mundo do que privar algum cabeça-dura da satisfação de ver você ruir.

Agora, digamos que você já deu um tempo, aplicou a técnica do "Fora de Escritório", determinou com calma que você consegue exercer controle sobre a situação, direcioná-la a um resultado potencialmente positivo e satisfatório e DESEJA responder — bem, então, vamos **PREPARÁ-LO** para entrar em ação.

5 formas de deixar pra lá

Vá embora, literalmente

Baixe um app de meditação

E use-o de fato

Coma um biscoito (de boca cheia, é mais difícil falar coisas estúpidas)

uma palavra: microdose

---

* No caso da Tia Sarah, ela deveria ter evitado o Twitter e ido direto para a banheira.

Mantenha-se reto, sem ficar inquieto

Se "calmo" é o seu estado interior, pense em **"preparado" como o seu estado exterior — a sua mentalidade traduzida na sua presença física.**

Mais uma vez, convido você a considerar a diferença entre um Bebê de Verdade e um Adulto de Verdade em um cenário em que ambos têm queixas legítimas. Um deles provavelmente ficará vermelho de raiva, tremerá com fúria incontrolável e possivelmente arremessará seu próprio muco contra aquele que o ofendeu, enquanto o outro é capaz de falar com um tom bem modulado, pontuado, sem nada de catarro. Aqui estão três dicas para ficar do lado maduro, produtivo e eficaz dessa comparação:

Respire fundo

É um clichê, mas, se você quiser evitar ficar todo trêmulo, agitado e com os olhos esbugalhados quando chegar a sua vez de dizer o que pensa, não há maneira mais rápida e fácil de se acalmar antes de fazer isso do que usar os pulmões que sua mãe lhe deu — para respirar, não para gritar. **Inspire pelo nariz por quatro segundos, expire pela boca por seis. Repita conforme necessário.**

O que é excelente nas técnicas de respiração profunda é que elas não demoram muito para ter um efeito positivo, e você pode fazê-las em qualquer lugar: na sua mesa, no carro, em um elevador, escada, banheiro ou enquanto olha moletons na Gap. (Não estou dizendo que já trabalhei em frente a uma loja da Gap para a qual eu talvez tenha escapado com frequência durante meu horário de almoço a fim de me preparar para um confronto à tarde com um certo colega, mas também *não* estou dizendo que não fiz isso.)

Adote uma postura de poder

Amy Cuddy popularizou essa estratégia em seu livro *O poder da presença: Como a linguagem corporal pode ajudar você a aumentar sua confiança*. Algumas pessoas criticaram suas correlações entre como posicionamos nosso corpo e como pensamos e nos sentimos sobre nós mesmos, afirmando se tratar de uma "pseudociência", mas eu, particularmente, estou aqui para dizer que isso funcionou para mim de forma significativa. (E que as "posturas de poder" — essencialmente, estufar o peito, erguer e alargar os braços e caminhar com propósito — são tão estranhas quanto você imagina.)

Adotei essas posturas nos bastidores antes de apresentar minha palestra TEDx sobre "A Mágica Transformadora do F*", que foi um sucesso. Atribuo 80% dessa performance à preparação (veja a próxima dica) e 18% às posturas de poder.*

> **Observação: essa técnica não se limita a discursos públicos.** Não, senhora! Você pode adotar posturas de poder antes de uma reunião importante, uma negociação, um primeiro encontro, uma conversa de término ou sempre que quiser entrar em uma situação se sentindo mais imponente, mais alto, mais forte e mais durão. Ou pode adotá-las na sua sala de estar quando seu livro está a uma semana de ser lançado, e a síndrome do impostor está batendo com tudo. Novamente, não que eu saiba alguma coisa sobre isso.

Vista-se para o sucesso

Para arrebentar no quesito de preparação da nossa equação, dê uma atenção extra à sua armadura de batalha e escolha algo que o ajude a se sentir mais confiante para enfrentar esse confronto. Pode ser qualquer coisa, desde seu macacão da sorte até um casaco de destaque ou um par de saltos que diz "não mexa comigo" (talvez os três, se você for o Timothée Chalamet). E lembre-se, não se trata de como você aparenta, mas de como se *sente* em relação à sua aparência, que se traduz em uma persona preparada. Não importa o

* Os outros 2% vão para o Alprazolam, claro.

que os outros pensam, e, se essa batalha estiver ocorrendo por telefone, e a pessoa não puder vê-lo de jeito nenhum, então sua roupa se torna uma arma secreta. Melhor ainda.

Então, isso é se **PREPARAR**. Respire Fundo. Mantenha-se reto. Peito estufado, vestido para matar — ou apenas de maneira confortável; na verdade, o que quer que faça você se sentir bem fisicamente!

Qual o próximo passo?

Use as suas palavras

Quando estiver pronto para comunicar ativamente seus sentimentos e necessidades com autoconsciência, a boa notícia é: você não precisa de um mestrado em oratória e retórica para fazer uma observação válida ou ganhar em uma discussão. Nem precisa aprender palavras com mais de quatro sílabas, eu prometo. **Você só precisa ser ARTICULADO.**

(Tudo bem, é uma palavra com mais de quatro sílabas, mas é apenas uma maneira elegante de dizer "fale de maneira clara". Eu estudei Letras; não consigo evitar.)

De qualquer forma, só estou dizendo o seguinte: não banque o espertinho. **Falar sem conhecimento só transparecerá um discurso raso**, e então qualquer pessoa com mais conhecimento e informação — e com melhores habilidades de comunicação — vai passar por cima de você e mandá-lo de volta à estaca zero.

Em vez disso, concentre-se em **fazer o uso mais claro e coerente possível das palavras que você *conhece*,** o que será muito mais eficaz do que falar incoerentemente como uma criança ou como um certo presidente alaranjado dos Estados Unidos da América, que nunca foi descrito por ninguém do mundo como "articulado".

O mesmo vale para conversas mais íntimas. **Mantenha a simplicidade.**

Por exemplo, se é hora de ter uma conversa séria com a pessoa com quem você está saindo, lembre-se do Método COMO/POR QUÊ/O QUÊ para descobrir como se expressar e apresente seu "O QUE" de maneira sincera *e* direta.

Use as SUAS palavras, que são reflexos DE SUAS emoções e DE SUAS necessidades/objetivos — não um monte de jargões técnicos que você encontrou quando pesquisou "Meu parceiro tem bloqueio emocional?" Afinal, se nem mesmo você sabe do que está falando, como os outros saberão?

E se estiver preocupado, pensando se será capaz de **organizar seus pensamentos em um todo articulado, é para isso que servem os cadernos, gravadores de voz e rascunhos de e-mails/mensagens de texto!** Você não precisa preparar um monólogo na hora, como se fosse o Eminem dos anos 2000 em uma batalha de rap. Apenas planeje tudo antecipadamente para que possa se apresentar de forma calma, equilibrada *e* preparada.

DICA PRÓ-ADULTO: Apenas certifique-se de que não há nome ou número no campo do destinatário enquanto estiver mexendo em um rascunho de e-mail, alerta ela, por infeliz experiência própria.

Por fim, quando se trata de **estabelecer a relação apropriada e mais eficaz** com o interlocutor do seu argumento devastadoramente articulado, **você precisa mostrar um pouco de R-E-S-P-E-I-T-O se espera receber o mesmo em retorno.**

Você beija a Beyoncé com essa boca?

Minha última dica para **enfrentar e comunicar as coisas como um Adulto de Verdade** é tratar a todos como você trataria a "Queen Bey".

SE VOCÊ NÃO ACHA QUE SERIA DE BOM TOM FALAR DESSE JEITO E USAR ESSES TERMOS COM ELA, ENTÃO NÃO FAÇA ISSO COM SEU CHEFE, NAMORADO, PROFESSOR, CLIENTE DIFÍCIL, A PESSOA QUE FURAR A FILA, O SEGURANÇA DA BALADA OU QUALQUER OUTRA PESSOA.

Estou dizendo, ser atencioso é mais vantajoso, e reduz suas chances de ser atacado por sua cunhada em um elevador após o Met Gala.

E tenha em mente que **mostrar respeito não se limita às palavras que você escolhe; também diz respeito a quando e como as utiliza,** o que pode beneficiar a sua causa em um nível pessoal e evitar prejudicá-la em um nível estratégico. Talvez seja útil pausar e considerar seus privilégios, ou avaliar as circunstâncias atenuantes de outras pessoas, para além das próprias necessidades imediatas. Por exemplo:

> Se seu objetivo for remuneração financeira, lembre-se de que não é possível tirar leite de pedra. É uma empresa da Fortune 500 que não concedeu a você um aumento de custo de vida em três anos? Vá direto ao ponto. É um companheiro de quarto que está devendo dinheiro para as compras do apartamento, mas está passando por dificuldades? Seja compassivo.
>
> Se você tem uma questão com um pai ou mãe ocupados e espera ter uma conversa receptiva, talvez seja melhor não entrar em contato com eles durante as horas de "preparar todo mundo para a escola" ou do "jantar em família".
>
> Se tem um problema delicado para resolver com alguém, faça isso discretamente. O grupo do WhatsApp/Slack não é um espaço para discussões privadas.
>
> Se for uma situação profissional, lembre-se de com quem você está lidando — ou seja, se é a pessoa que carimba o seu contracheque — e interaja com ela de acordo com isso. (E

nem pense em falar coisas como "trocar uma ideia" quando solicitar uma reunião.)

Em outras palavras: respeite o tempo das pessoas, suas limitações e sua dignidade. Respeite a hierarquia também. **Uma parte significativa de crescer e amadurecer é entender como o mundo funciona e aprender a trabalhar dentro do sistema em vez de permitir que ele controle VOCÊ.**

E agora, para o penúltimo capítulo da parte II, vamos combinar técnicas de comunicação livre de reclamações e de enfrentamento produtivo numa tacada só, em um pequeno passeio pelo país da reclamação.*

Vou lhe dar algo para reclamar

Primeiramente, devo dizer que desabafar é um comportamento perfeitamente válido. Sabe aquela válvula que libera o ar acumulado para que a sua panela de pressão não exploda na cozinha? É uma funcionalidade, não um defeito!

Mas reclamar o tempo *todo* sem ter motivo ou apenas para chamar a atenção são características de Bebezões, tanto literal como figurativamente, e ninguém quer passar seus dias na presença de uma criança pequena OU de um adulto crescido que está **cons-**

* É brincadeira, meu povo.

tantemente irritado, nunca fica satisfeito e não para de reclamar de tudo.

Bem, também existem aqueles entre nós com reclamações legítimas e uma necessidade legítima de expressá-las em troca de algum alívio emocional muito necessário. Tudo bem, como eu disse, desabafe! No entanto, isso não é benéfico quando você ***apenas* desabafa e nunca *faz nada* para lidar com a causa raiz de suas reclamações.**

Com isso, você se aproxima novamente do território de reclamar "sem ter motivo ou para chamar a atenção", o que, como discutido, não cai bem.

Por exemplo, digamos que você tenha um chefe difícil e costume desabafar sobre ele toda vez que encontra seus amigos para tomar um drink. Também toda vez que fala com seus pais. E sempre que consegue interceptar o colega de trabalho que divide o escritório com você. Ah, e a pessoa com quem você está saindo? Ela ouve você reclamar sobre o Chefe dos Infernos algumas vezes por semana — durante o jantar, a caminho do cinema e na cama.

É… DEMAIS.

E embora seus amigos e familiares possam ser seus maiores fãs, eles não compraram assentos vitalícios na primeira fila para o seu show individual de *Tudo é uma porcaria!* As funções de seus colegas de trabalho definitivamente não incluem "ouvir você resmungar o dia todo". E embora todo relacionamento romântico prospere com uma comunicação saudável — o que inclui estar presente um para o outro nos momentos difíceis —, se reclamar for a sua linguagem do amor, não se surpreenda se os jantares românticos diminuírem ou se alguém começar a dormir no sofá. Ou até fora de casa.

Mas vou contar um segredo para aqueles de nós que adoram — quer dizer, *precisam* — dar um bom desabafo de vez em quando: **se você estiver disposto a dar uma reviravolta produtiva em seus problemas, é possível reclamar e ainda se beneficiar com isso.**

No que diz respeito ao Chefe dos Infernos, por exemplo, que tal liberar o vapor necessário **enquanto pede ajuda para encontrar maneiras de melhorar suas circunstâncias?** Tenho certeza de que seus já mencionados maiores fãs ficariam mais do que felizes em participar dessa conversa, se isso significar que você pode eventualmente parar de sofrer com essa situação e, em seguida, *TODO MUNDO* VAI PODER CALAR A BOCA QUANTO A ISSO.

Um de seus amigos (ou mesmo um amigo de um amigo) trabalha na sua área e talvez esteja por dentro de vagas de emprego na empresa dele? Faça esse networking!

Talvez seu pai tenha alguns insights de sua longa carreira como um trabalhador corporativo que possam ajudar você a colocar as coisas em perspectiva, lidar com seu chefe de forma mais eficaz e ficar menos irritado no dia a dia?

Em vez de reclamar durante o Happy Hour, você poderia marcar uma reunião com o departamento de Recursos Humanos? Se o comportamento do seu chefe for *tão* grave, é provavelmente melhor relatar isso a alguém com a autoridade para tomar medidas. Ou, se essa situação é devida unicamente à incompatibilidade, você poderia perguntar sobre outras oportunidades potenciais dentro de sua empresa. Até mesmo solicitar uma mudança de horários poderia resolver o problema, se estiver disposto a trabalhar em um turno diferente para ter outro supervisor.

Seu parceiro estaria interessado em marcar uma massagem para casais para ajudá-los a relaxar? (Isso pode não mudar nada no escritório, mas seria uma maneira *muito* mais agradável de fortalecer o relacionamento de vocês.)

Resolver seus problemas de curto prazo E salvar seus relacionamentos de longo prazo? Não é uma maneira ruim de passar uma tarde. Nada mal mesmo.

E, como de costume, ninguém é perfeito. Se você se deixar levar pelo momento e só perceber no meio do desabafo que está monopolizando o microfone do *Coitado de Mim*, sempre dá para fazer uma pausa, respirar fundo e mudar o rumo da conversa. Você pode dizer coisas como:

"Sabe de uma coisa? Não preciso continuar falando sobre isso."

"Obrigado por ouvir. Já falei o que eu queria."

"Acabei de perceber que estou reclamando com você que nem um bebezão e peço desculpas. Vou parar para que possamos ter uma conversa agradável entre adultos ou apenas ficar juntos em um silêncio agradável, o que também é legal."

E se o problema não for eles, mas você?

Você se lembra do início da parte II, quando fizemos todo aquele trabalho sobre autoconsciência, e eu mencionei adultos que têm o hábito ruim de mentir para si mesmos com frequência? Certo. Então, quando estiver se sentindo frustrado e se preparando para uma boa reclamação, algo que você pode considerar é: será que talvez o problema aqui pode... apenas talvez... ser você? Eu entendo que pode parecer que está se afogando em prazos atrasados porque o Chefe dos Infernos tem vomitado tarefas na sua mesa como Linda Blair em *O Exorcista*, mas vou só tentar defender o Chefe dos Infernos por um momento — será que sua carga de trabalho só parece muito pesada porque você, hm, não é muito eficiente em lidar com as tarefas? Será que, talvez, sendo muito sinceros, você tem passado mais tempo assistindo a vídeos no YouTube do que fazendo suas atribuições, e é por isso que está tão atrasado? Só estou dizendo que, às vezes, o mundo está lhe enviando uma mensagem, e seu trabalho de adulto é ouvir. (E talvez colocar o trabalho em dia neste fim de semana em vez de reservar aquela massagem para casais. Ou melhor ainda, transformar isso em um *incentivo* para terminar seu trabalho até sexta-feira!)

PS: Leia o ambiente

Já se pegou lamentando a carga horária pesada do seu curso para os pais que sacrificaram tudo para enviar você para a faculdade? Ou resmungando sobre um período sem encontros amorosos para um amigo que está no meio de um divórcio complicado? Ou reclamando do seu bônus anual "baixo" para sua irmã, que foi demitida recentemente?

Eita.

Como eu disse no início deste capítulo, quando você está passando por um momento difícil, tem o direito de desabafar. No entanto, *saiba também escolher o público certo* e, talvez, guardar algumas dessas queixas para o seu diário.

Ou, melhor ainda, para o seu terapeuta! Isso é pura energia de um Adulto de Verdade.

Achei que havia pedido para você não fazer isso

Até o momento, passei centenas de páginas em vários Guias F*da-se explicando como estabelecer limites e aderir a eles. É uma das minhas especialidades, e, se você ficar bom nisso, vai economizar muito tempo, dores de cabeça, desgostos e ressacas. Mas, em *Vê se cresce, p*rra!*, quero focar o lado oposto disso: **respeitar os limites dos *outros*.**

O que um Adulto de Verdade faz com habilidade e sem hesitação.

Felizmente, você teve algum treinamento nessa área. Limites são semelhantes às regras, feito aquelas que seus pais estabeleceram, como "não correr com tesouras" ou "não jogar Candy Crush na mesa de jantar". Algumas foram criadas para mantê-lo seguro; outras apenas para manter seus pais sãos. E algumas tinham um pouco de cada.

De qualquer forma: na casa deles, eles que fazem as regras, certo?

Seu trabalho era seguir essas regras, ou então sofrer as consequências *totalmente conhecidas*. Se você decidisse que a punição valia a pena, bem, essa era a sua prerrogativa. (Meu irmão era conhecido por quebrar uma regra ou quatro e considerar o castigo como parte dos negócios; eu era uma "santinha" que só perdera o horário de voltar para casa uma vez, porque fiquei presa atrás de um acidente na única estrada que levava à minha casa. Mas estou apenas divagando.)

Se você entende como as regras funcionam, você já andou metade do caminho para ser capaz de respeitar os limites dos outros. A diferença fundamental é que, em geral, **quebrar uma das regras de seus pais tinha consequências que prejudicavam VOCÊ; enquanto desrespeitar o limite de outra pessoa tem consequências que prejudicam a ELA.***

* Se você desrespeitar os limites das pessoas com frequência o suficiente, provavelmente *haverá* consequências que o prejudicarão. Se você precisa usar isso como motivação adicional para agir como um adulto aqui, fique à vontade.

E eu sei que você não quer machucar os outros. Você parece ser uma pessoa legal.

Além disso, **mesmo que os limites dos outros pareçam bobos para você, ou os seus para eles,** já abordamos toda essa questão de "mostrar respeito e receber o mesmo em troca". Nenhum de vocês pode ascender de Adultos Teóricos para o brilhante reino dos ADV se não honrar os limites que cada um de vocês estabeleceu para acessar o próprio tempo, energia, dinheiro, corpo, pertences, hospitalidade ou qualquer outra coisa.

Finalmente, da mesma forma que as "regras de casa" podiam diferir entre seus pais e os de seus amigos, que permitiam que você jogasse todos os videogames que quisesse durante as refeições, é importante observar que **os limites constituem uma estrutura profundamente pessoal e individual que varia de pessoa para pessoa e de relacionamento para relacionamento.** Por exemplo:

> Só porque um parceiro costumava lhe dar total acesso ao seu iPhone, não significa que todos os futuros parceiros devem ser obrigados a fornecer logins e senhas sem questionar.
>
> Apenas porque você costumava ter um colega de trabalho que encorajava a divulgação excessiva de suas vidas pessoais, não significa que todos os futuros colegas de escritório vão tolerar uma hora de informações excessivas diante da fotocopiadora. Se eles lhe pedirem para ir com calma porque falar sobre suas Aventuras no Tinder os deixa desconfortáveis, então, pelo amor de Deus, guarde seus relatos

de encontros de fim de semana para alguém que consinta entusiasticamente em ouvi-los.

E, só porque VOCÊ toleraria um comportamento específico — por exemplo, amigos aparecendo no seu apartamento sem aviso prévio a qualquer hora —, não significa que todos os outros tolerariam ou deveriam tolerar essas coisas vindas *de* você. Se lhe pediram para ligar antes de aparecer, então ligue antes de aparecer. Quão simples é isso?

Aqui estão algumas maneiras mais fáceis de respeitar os limites de outra pessoa. **Tudo o que você tem que fazer é... NADA!**

LIMITE	COMO RESPEITÁ-LO
Sua amiga diz que não quer falar sobre as dificuldades da fertilização in vitro porque isso a estressa.	Não continue perguntando como foi a última tentativa, não importa o quanto você acha que está sendo solidário.
Seu companheiro diz que está se guardando para o casamento.	Não o pressione a fazer sexo hoje à noite... ou a fugir com você.
Seu parceiro pede para você não falar sobre política antes de dormir, pois isso lhe causa pesadelos.	Não leia tuítes da Mídia Ninja em voz alta na cama, não importa o quanto sejam "incríveis".

Em uma última observação, e como meu editor sabiamente apontou (Oi, Mike!) — a esta altura, você pode estar pensando: *Entendo totalmente o que você está dizendo, mas o que acontece quando os limites de outra pessoa entram em conflito não com os meus "desejos" ou "preferências", mas com as minhas necessidades?*

Como, por exemplo, a necessidade de fazer o seu trabalho? Entendi. Vamos falar sobre isso.

Talvez você tenha um chefe cujo limite explícito seja: "Por favor, não me envie e-mails. Recebo muitos deles. Se você precisar de algo, passe pelo meu escritório e peça pessoalmente."

Mas esse chefe nunca está *em* seu escritório quando você faz sua caminhada pelo corredor. Ou a porta está sempre fechada. Ou está aberta, mas quando ele o vê esperando do lado de fora, olha feio para você, que perde a coragem de se aproximar. Tudo isso está desperdiçando seu tempo e afetando seriamente sua capacidade de fazer as coisas, e tudo isso é tirado diretamente da minha experiência de 22 anos como assistente editorial.

É um dilema, mas **um ADV usa suas consideráveis habilidades de pensamento crítico para encontrar uma solução.** Vou falar muito mais sobre engenhosidade na terceira parte, mas um exemplo rápido aqui poderia ser:

> Ligue antes de aparecer. (Assumindo que não haja também uma proibição de comunicação telefônica...)
>
> Se o seu chefe tiver um secretário, assistente ou um calendário compartilhado, faça um agendamento formal. Isso

pode exigir um pouco mais de organização da sua parte e um pouco mais de antecedência, mas valerá a pena obter as respostas às suas perguntas ou a permissão necessária para avançar.

Se você passar quando a porta estiver fechada, deixe uma mensagem com o secretário/assistente perguntando qual seria um bom momento para voltar. Se não houver um segurança, você pode tentar deixar um bilhete na porta. Afinal, não é um e-mail.

Se o olhar ameaçador dele assustar você, o que eu disse na página 49 sobre aguentar firme, amigão? Bata na porta, entre e torça pelo melhor. Eu acredito em você.

> Bem, seria simplesmente bobo da minha parte se eu não aproveitasse esta oportunidade para direcioná-lo a duas das minhas melhores obras sobre o tema dos limites, caso você precise de ajuda para definir ou manter os seus. A *mágica transformadora do F** é uma preciosidade filosófica, e *Não, P*rra!* é seu parceiro na prática. Quem está sempre pensando no bem de vocês, pessoal? Tia Sarah, é claro.

E isso encerra nossas **aventuras no mundo da autoconsciência e do autocontrole!**

Da parte II, você aprendeu que adultos maduros são sinceros consigo mesmos e com os outros, estão sintonizados com suas emoções e seu privilégio. São educados e gentis; têm um controle afiado de seus impulsos; são capazes de enfrentar e comunicar sua desilusão de maneira saudável e produtiva e nunca encontraram limites que não possam respeitar.

(Espero que você tenha aprendido muitas maneiras *de desenvolver essas qualidades em si mesmo*, porque, caso contrário, a tia Sarah provavelmente não conseguirá outro contrato de livro, e o tio Judd terá que se conformar com o meu plano de ser uma dona de gatos profissional.)

Agora é hora de adicionar isso ao seu conjunto de habilidades sofisticadas de adulto, crescer de verdade e **se tornar RESPONSÁVEL.**

Avancemos para a parte III!

III

COM GRANDES RESPONSABILIDADES VÊM GRANDES PODERES:

As vantagens de ser independente e confiável e como chegar a esse estado

A Parte III aborda a idade adulta responsável a partir de duas perspectivas — **INDEPENDÊNCIA (ou seja, assumir responsabilidades)** e **CONFIABILIDADE (ou seja, agir de forma responsável).**

Começando com **"Se todo mundo pulasse de uma ponte, você também pularia?"**, vamos fazê-lo ***pensar*** **de forma independente** (avaliando seus valores pessoais e definindo suas prioridades de acordo com eles) para que **possa *agir* de forma independente** (tomando decisões e seguindo em frente com elas). Depois, em **"A mamãe precisa de um minutinho"**, vou ensiná-lo a **se tornar mais autossuficiente,** sendo **proativo e tomando a iniciativa**; em seguida, com **"Você tem certeza de que procurou em todos os lugares?"**, trarei dicas que vão transformar você de totalmente indefeso a **confiavelmente engenhoso.**

Depois disso, temos alguns capítulos **sobre bem-estar**, que se encontram **na encruzilhada entre assumir a responsabilidade E agir de forma responsável.** Afinal, se você não consegue cuidar da sua própria saúde, não está destinado a ser confiável consigo mesmo ou com qualquer outra pessoa, não é mesmo? Aqui, vou dar um toque pessoal em **"Coma seus legumes"** (saúde física) e **"Use um capacete"** (saúde mental), então avançaremos para a segunda metade da parte III: confiabilidade, na qual **os ADV completam as tarefas que definiram para si mesmos, *bem como* aquelas que prometeram para os outros.**

Um aviso prévio

Se você leu meu livro *Get Your Shit Together*, perceberá alguns conceitos semelhantes nesta parte do *Vê se Cresce, P*rra!* O que posso dizer? "Se recompor" geralmente é resultado de "agir com responsabilidade", e pessoas que "são confiáveis" geralmente também sabem "se recompor". Eu não faço as regras. E também: NADA DE PULAR ESTA PARTE. É repetindo que se aprende.

No capítulo **"Talvez você devesse ter pensado nisso antes de sairmos de casa"**, vou oferecer um guia extremamente prático para **planejar com antecedência, gerenciar seu tempo** e **gerenciar as expectativas** de todos, seguido por **"Faça sua lição de casa",** uma ode a estar preparado. Por fim, fecharemos a parte III com **"Dinheiro não dá em árvore"**, uma digressão semelhante à que estamos fazendo sobre o bem-estar, porque, além de cuidar de seu corpo e mente, **os adultos também precisam assumir a responsabilidade por sua *saúde financeira.***

Partiu!

(Com responsabilidade, é claro.)

Independência (assumindo a responsabilidade)

Se, quando criança, tudo o que você queria era definir a própria hora de dormir, beber fanta laranja no café da manhã e se recusar categoricamente a usar meias, a vida adulta parece grandiosa. É aquele magnífico e esperado momento em que ninguém mais pode lhe dizer o que fazer — nem seus pais, nem seus professores, nem mesmo o governo! (Bem, dentro do razoável.) Você pode dirigir, votar, fumar, beber e até combinar sandálias com seu terno, se assim desejar. Quem vai impedi-lo? VOCÊ É O ADULTO AGORA. Mas, embora seja verdade que ter permissão para fazer o que quiser é uma das grandes atrações e recompensas desse processo de se tornar adulto, é a maneira como você utiliza essa independência recém-descoberta — *pensando* por si mesmo e *tomando medidas* em seu próprio benefício — que define sua posição como um ADV. É uma grande responsabilidade, mas também é uma oportunidade incrível para moldar a vida que você realmente deseja e fazer isso do jeito certo.

Se todo mundo pulasse de uma ponte, você também pularia?

Não estou tão distante da minha juventude a ponto de esquecer como seguir a maioria pode parecer mais fácil e seguro do que seguir o próprio caminho. Mas haverá muitas situações na vida — não apenas durante os anos da juventude — em que você pode não concordar com "a maioria" e precisará se sentir à vontade para pensar e agir por conta própria.

O que significa que você precisa **definir suas prioridades corretamente**.

Priorizar é um truque essencial para a vida. Há uma razão pela qual isso é uma parte importante de todos os meus Guias F*da-se — desde alocar seu tempo, energia e dinheiro para coisas e pessoas que o fazem feliz (*A Mágica Transformadora do F**); até a organizar os itens da sua lista de afazeres com base na urgência, o que garante que você faça as coisas mais necessárias primeiro (*Get Your Shit Together*), e lidar com coisas que você PODE controlar em vez de surtar com coisas que NÃO pode (*Calma aí, p*rra!*).

Mas, quando o assunto é crescer de verdade, priorizar não se resume apenas a prazos e listas de tarefas. (Embora também falaremos disso, não se preocupe!) **Também se trata de fazer escolhas de vida que estejam alinhadas com os seus VALORES.**

Quando éramos crianças, nossas escolhas de vida eram fortemente influenciadas pelos valores dos adultos presentes. Por exemplo, se sua família frequentava a igreja com devoção, então você provavelmente também o fazia. Talvez não tenha pensado muito sobre isso na época, ou, se tivesse dúvidas ou perguntas sobre a forma de adoração dos seus familiares, talvez não se sentisse em posição de agir ou de saná-las naquele momento.

Ou, por exemplo, se a sua mãe achasse que você se beneficiaria mais com aulas de piano depois da escola do que jogando Xbox, a "escolha" era clara, e suas tardes estariam cheias de Mozart, não de Minecraft.

Esse tipo de coisa não era necessariamente ruim*. Você pode ter sido direcionado para algumas atividades que não teria escolhido para si mesmo, mas, ao longo do caminho, estava **ganhando uma experiência de vida essencial, com a qual poderia formar os *próprios* valores e usá-los como base para fazer as *próprias* escolhas** como um adulto. (E não é por nada, mas saber tocar "Chopsticks" sempre será um bom truque de festa.)

Independência vai além de abandonar a igreja ou as lições de piano apenas porque "ninguém pode te obrigar a ir" — e vai além de correr para comprar cerveja ou votar apenas porque você finalmente *pode*. Ainda precisa tomar decisões com base em seus valores aqui. Você *quer* gastar seu orçamento de compras com engradados de cerveja? Em *quem* você vai votar e *por quê*?

* Quer dizer, isso presumindo que a "igreja" deles não era, na verdade, uma "seita perigosa". Nesse caso, SIM, É BEM RUIM, foi mal.

A escolha é sua, então faça valer a pena.

Aqui está um pequeno exercício: O que você valoriza? Pode ser o sono, amizades próximas, deixar um legado de bondade, a capacidade de pagar as próprias despesas, ou de acompanhar o passo dos seus netos. Todas as respostas são aceitáveis.

O QUE EU VALORIZO?

______________________	______________________
______________________	______________________
______________________	______________________
______________________	______________________
______________________	______________________
______________________	______________________
______________________	______________________

Como esses valores se refletem em suas prioridades do dia a dia? (E, se não se refletem, como poderiam refletir?) Por exemplo, se você realmente valoriza um bom descanso, faz sentido priorizar dormir cedo ou fazer sestas. Se valoriza suas amizades próximas, vai querer priorizar manter contato com elas e demonstrar que se importa com elas. E, se valoriza mais o tempo de diversão em família do que a religião, pode levar *seus* filhos ao zoológico, aquário ou ao parque no domingo. Você que manda!

QUAIS DEVEM SER AS MINHAS PRIORIDADES DIÁRIAS?

Agora dê um passo adiante. Como você pode priorizar esses valores em relação a objetivos maiores e Grandes Escolhas de Vida? Por exemplo, priorizar como um adulto maduro poderia envolver o seguinte:

> Escolher ingressar no mercado de trabalho em vez de cursar uma pós-graduação, porque você valoriza a segurança financeira em detrimento da educação continuada e da dívida crescente. (Ou vice-versa.)
>
> Escolher recomeçar em uma nova cidade porque valoriza mais o relacionamento romântico que está levando você a fazer isso do que o conforto e estabilidade de permanecer onde está. (Ou vice-versa.)

Escolher recusar uma promoção que exigiria mais horas de trabalho porque você valoriza mais o seu tempo livre do que o avanço profissional. (Ou vice-versa.)

A propósito, nada disso significa que os seus valores e escolhas como adulto devem ou necessariamente serão diferentes daqueles que seus pais demonstraram, ou dos que "a maioria" — sejam seus irmãos, amigos ou colegas — estão adotando plenamente.

Mas *talvez* eles sejam, e, se forem, está tudo bem. **Sua vida é sua para viver do jeito que você achar melhor.** E, se acontecer de "o que todos os outros estão fazendo" ser realmente muito sensato, interessante, divertido e benéfico PARA VOCÊ, então vá em frente! Não há necessidade em ser do contra apenas por diversão. A tia Sarah fala por experiência própria.

Decisões, decisões

Definir seus valores e prioridades foi um grande primeiro passo, parabéns! No entanto, o pacote completo de um ADV requer **colocar em prática as escolhas relacionadas à sua vida.**

Muitos Adultos em Teoria podem vacilar nesse ponto, porque, mesmo que sejam pensadores independentes que sabem, no fundo do coração, o que *desejam* fazer — **eles ficam paralisados pelo medo de tomar a decisão "errada" e nunca dão o passo crucial de, bem, TOMÁ-LA.** Infelizmente, saber o que você quer na vida não o leva muito longe, se estiver muito ansioso, autoconsciente ou com medo de colocar em prática.

Se isso soa familiar, então é hora de pegar o boi pelo chifre.

Na verdade, deixa para lá. Isso parece perigoso. Não é de admirar que algumas pessoas tenham tanto medo de tomar a decisão *errada* que acabam não tomando *decisão alguma*. Que tal, em vez disso, **"antecipar as prováveis consequências"**? Não tem o mesmo impacto, mas é muito mais produtivo do que um acidente com chifres.

Se você está preocupado que a decisão que tomou de forma independente e responsável acabe sendo a "errada", e isso está impedindo você de agir, quero que faça duas coisas:

1. Pergunte a si mesmo: *Qual a pior coisa que poderia acontecer?*
2. ANOTE SUAS RESPOSTAS.

Estou falando sério. Anote-as. Coisas que acontecem no escuro são assustadoras porque você não pode vê-las. Para eliminar o poder paralisante dessa decisão, é preciso acender a luz e colocar tudo no papel.

E lembre-se da palavra-chave em relação a antecipar as consequências: estamos falando das *PROVÁVEIS*. Sem catastrofismo, certo? (Se isso é o seu estilo, eu tenho um livro inteiro que você precisa ler.)*

* https://sarahknight.com/ctfd

MINHA DECISÃO

QUAL A PIOR COISA [PROVÁVEL] QUE PODERIA ACONTECER?

Esse processo vai ajudar você a lidar com os detalhezinhos chatos e até mesmo com suas principais metas e Grandes Escolhas de Vida. Por exemplo:

Eu quero usar o vestido de chiffon amarelo em vez do azul-marinho com lantejoulas para o casamento da Janelle. Qual a pior coisa que poderia acontecer?

Bem, não sei, talvez você passe algumas horas desejando ter usado o azul, mas ninguém mais nota ou se importa, não é? Essa decisão é digna de atormentar você eternamente? Parece improvável.

*

Eu quero tomar a frente e simplesmente escolher o restaurante para o jantar de aniversário de casamento dos meus pais porque meus irmãos são inúteis. Qual a pior coisa que poderia acontecer?

Talvez sua escolha não seja muito boa. Mas, se for o caso — e presumindo que você tenha tomado sua decisão com base em todos os fatos disponíveis (avaliações, recomendações de amigos, localização, estacionamento, decoração, cardápio etc.) — então *qualquer outra pessoa* poderia ter feito a mesma escolha, certo? E, como *mais ninguém* estava se oferecendo, você tomou a frente e poupou *todos* de gastar um monte de tempo e energia ao longo do caminho. Mais bolo medíocre para você!

*

Certo, mas e se todos nós pegarmos uma intoxicação alimentar???

O que eu disse sobre cenários PROVÁVEIS? Vamos lá, preciso que se concentre. (E lembre-se da Pergunta Suprema. Você pode controlar a salmonela? Imaginei que não. Siga em frente.)

*

Ah, é, Tia Sarah? Bem, qual a pior coisa que poderia acontecer se eu escolher a faculdade errada? Ou a oferta de emprego errada? Ou a pessoa errada com que passar o resto da minha vida?!?!?!?

Opa, segura aí. É verdade que há uma diferença qualitativa entre escolhas de guarda-roupa, opções de cardápio e Grandes Escolhas de Vida, mas essa é a beleza desse exercício. Quando você pensar e escrever sobre isso, vai perceber que:

1. As "piores" consequências de pequenas decisões, como escolher usar o vestido de chiffon amarelo, simplesmente não são tão ruins. E definitivamente não valem todo o estresse mental pelo qual tem passado para tomar essa decisão e agir. Apenas escolha um vestido e divirta-se! (Você vai se atrasar.)

2. E mesmo na pior das hipóteses mais razoável para as situações importantes — como escolher qual faculdade frequentar — estão tão distantes ou, francamente, desconhecíveis, que, na tomada de decisões, não faz sentido conferir **mais peso a essa possibilidade do que a seus valores, suas prioridades e sua intuição *agora*.**

   Claro, você escolher a Universidade do Arizona por seu programa de marketing e, daqui a dez anos, decidir que preferiria ser um veterinário e desejar ter ido para a Universidade Estadual de Ohio por suas excelentes opções em Saúde Animal não seria o *ideal*. Mas é realmente tão ruim E tão provável de acontecer? (E, se for, bem, por que está sequer considerando a Universidade do Arizona mesmo? Talvez este exercício esteja ajudando você de várias maneiras, Dr. Dolittle.)

3. Independente da situação, ***nada* é pior do que permanecer afundado na paralisia da análise de opções.** Porque, para começar, se você nunca tomar uma decisão e nem seguir adiante com ela, então nunca conseguirá coisas como uma experiência universitária, uma carreira ou um parceiro de vida NENHUM. É realmente assim que você quer encarar isso?

Honestamente, pessoal, vocês poderiam passar o dia inteiro sonhando com o pior cenário possível ao deixar um emprego estável para trabalhar em uma empolgante startup ou deixar um relacionamento insatisfatório para se divertir como solteiro, e, seja qual for a sua decisão, **o pior que pode acontecer provavelmente será algo que você nem sequer imaginou.** É assim que a vida funciona, e mesmo os Adultos de Verdade não têm bolas de cristal no cérebro. Contanto que você esteja aderindo aos seus valores e priorizando suas escolhas de vida de acordo com isso, está tão bem quanto pode estar.

Decida-se, aja, e — aconteça o que acontecer — você lidará com isso, aprenderá com isso, e a vida continua.

Mais informações sobre como gerenciar tudo isso estão chegando em breve…

A mamãe precisa de um minutinho

Neste capítulo, vamos trabalhar para ***fazer* as coisas acontecerem** e, o que é mais importante, **não *esperar* que os outros façam isso por você.**

Bebês de verdade são completamente inúteis e precisam de toda a ajuda possível. Tudo bem. Bebezões são inúteis por razões totalmente diferentes e simplesmente *se aproveitam* de toda a ajuda disponível. Nada bom, mas duvido que eles estejam lendo isso, então, tanto faz. Os Adultos em Teoria estão em algum lugar no meio do caminho, e com vocês, eu posso trabalhar. Aguentem aí.

Os Adultos de Verdade são, em grande parte autossuficientes. Eles usam o conhecimento, o poder e as habilidades que têm (e, devo acrescentar, trabalharam de maneira madura e responsável para chegar ao estágio em que se encontram) para fazer o que precisa ser feito. Sozinhos.

Claro, não podemos mandar crianças de 7 anos à mercearia e esperar que escolham uma semana de refeições saudáveis com um orçamento limitado — isso não seria justo, porque elas não viveram o bastante para compreender conceitos como receitas, valor nutricional ou dívida de cartão de crédito, entre outras coisas. Mas e um adulto comum de 27 anos com acesso a esse conhecimento, poder e habilidade que mencionei? Ele deveria ser capaz de fazer compras no supermercado. E se, em vez disso, ainda *depende* da mãe, do pai, do irmão mais velho ou de um colega de quarto muito paciente para fazer isso por ele, isso é um típico comportamento de Bebezão.

(Por outro lado, se ele *não consegue* lidar com uma tarefa sozinho, por qualquer que seja o motivo, então a responsabilidade dele está em buscar/arranjar meios alternativos para atender às suas necessidades ou alcançar seus objetivos. Delegar é uma habilidade de adultos responsáveis com a qual todos podemos concordar, e pedir ativamente a alguém para fazer algo por você é diferente de apenas esperar e *contar* com isso.)

Agora, alguns dos Adultos em Teoria presentes podem estar pensando: "*Certo, mas eu nunca parei para pensar sobre quantos cereais e iogurtes eu consumo em uma semana ou quanto isso custa e definitivamente faria as compras se fosse necessário, mas é que isso nunca foi minha responsabilidade, e eu não acho que isso faz de mim um Bebezão... ou talvez sim?*"

Não necessariamente! Mas você ainda está um pouco aquém de ser um ADV, e não há motivo para não melhorar nesse sentido, especialmente com a internet repleta de mais receitas do que você pode imaginar, e com os preços e ingredientes geralmente estando impressos na embalagem.

Só é necessário **um pouco de pensamento crítico de sua parte** — para calcular seu orçamento, planejar e otimizar seu cardápio —, e você estará pronto para a corrida (ou, nesse caso, para o mercado), e concluirá uma tarefa de adulto por si próprio. Que coisa maravilhosa.

DICA PRÓ-ADULTO: Na minha época, não tínhamos toda essa tecnologia moderna para nos ajudar a administrar nossas vidas de maneira eficiente; o melhor que podíamos fazer era colocar um bloco de notas magnético na geladeira e torcer para dar certo. Mas e você? Você tem *opções*. Se está tendo dificuldades para se organizar — ou, sério, para fazer qualquer coisa — eu lhe garanto: há um aplicativo para isso.

E aqui está **outra beleza de ser tão absurdamente autossuficiente**: não são apenas as tarefas necessárias como "adquirir comida" que você pode realizar com responsabilidade. **A autossuficiência é também o caminho para ser capaz de fazer o que QUISER, da maneira que QUISER** — precisamente porque você não está mais dependente da versão de outra pessoa que fazia isso por você. Por exemplo:

> Se você é autossuficiente o bastante para comprar a própria comida, então pode jantar o que quiser, sem depender do cardápio preparado por seu colega de quarto.
>
> Se você é autossuficiente o bastante para ganhar seu próprio dinheiro, então pode gerenciá-lo da maneira que preferir, sem depender da boa vontade (ou julgamentos) de seus pais ou parceiro.
>
> Se você é autossuficiente o bastante para planejar uma viagem, então pode ir para onde quiser, sem depender das preferências de um companheiro de viagem mais organizado.

Nada mal. E o melhor jeito de começar a trilhar o caminho da autossuficiência é **ser proativo** e **tomar a iniciativa.**

Vá e faça. (Você mesmo.)

Às vezes, você precisará tomar a iniciativa para **atender às próprias necessidades.**

> Está em casa sozinho e com fome? Vamos lá, essa você consegue... Exato! É hora de fazer um sanduíche.
>
> Precisa arrumar um emprego? Atualize seu currículo e corra para o LinkedIn.
>
> Está sem cuecas boxer? Lave sua pilha de roupas sujas ou se prepare para viver sem cuecas. A decisão é sua, Tarzan.

Outras vezes, você precisará tomar a iniciativa para **encaminhar um grupo inteiro para a ação coletiva e o sucesso.** E, embora esse esforço possa não atender tanto às suas necessidades individuais e imediatas como fazer um sanduíche quando está com fome, garanto que os benefícios estão logo ali na esquina.

Por exemplo, pense em quantas vezes você se viu em uma situação — digamos, em uma sala de aula, no escritório ou até mesmo em um grupo de mensagens da família — em que **TODO MUNDO tem um problema para acrescentar ao caldeirão, mas NINGUÉM está oferecendo uma solução.**

"Temos que descobrir onde vamos encaixar trezentas cadeiras para a formatura!"

"Mas não tem espaço em lugar nenhum aqui dentro! E se chover?"

*

"Como vamos cumprir esse prazo insano de apresentação para conquistar esse cliente? Já estamos no limite do tempo!"

"Nunca conseguiremos isso ou aquilo por conta de tal e tal coisa!"

*

"Pessoal, PRECISAMOS decidir o tema para o chá de bebê! Estamos ficando sem tempo para encomendar as lembrancinhas!"

"Argh, eu sei, mas a Pam e o Javi não concordam em nada! Que desastre!"

Agora, pense em COMO isso é FRUSTRANTE. Não é mesmo?! Felizmente, embora esse tipo de impasse seja muito comum entre os Bebezões e os Adultos em Teoria, ele também é muito fácil de superar caso **alguém simplesmente se levante e tome a iniciativa.**

Encontre a pessoa que faz isso e estará diante do adulto mais maduro dali. E talvez você não ache "justo" que, para ser o adulto mais maduro, seja preciso tomar a iniciativa quando ninguém mais irá fazer isso. Se for esse o caso, entendo o seu ponto, mas eu o incentivaria a **considerar os benefícios que VOCÊ obtém ao iniciar o processo.**

Obviamente, isso contribui para resolver o problema, o que é bom para todos. Mas também coloca VOCÊ no controle da solução, o que pode ser muito, digamos, *conveniente*... uma vez que Deus ajuda quem cedo madruga, E você vai poder escolher a parte menos irritante do projeto em grupo. Para ilustrar:

FAZER X	PROPORCIONA Y
Oferecer-se para pesquisar o custo de uma tenda gigante	Uma saída dessa reunião interminável
Solicitar uma prorrogação em um projeto diferente para liberar o Fulano para essa tarefa	Uma saída dessa reunião interminável *e* um grande bônus, se esse novo cliente importante fechar o negócio
Dizer ao Javi que deixe a Pam liderar o tema do chá de bebê e que haverá uma garrafa de bourbon agradável para ele no dia	Uma saída dessa interminável conversa de grupo, e você ainda pode se eximir de lidar com as lembrancinhas da festa

Esse é o "descanso e relaxamento" de quando você decide "ser um adulto" em situações em que todos os outros estão "sendo um bando de inúteis". Assuma suas responsabilidades, faça suas tarefas e, pelo menos, você terá a chance de se divertir *no fim das contas* em vez de passar o resto dos seus dias em uma maldita conversa de grupo.

E, em termos do **nosso ciclo virtuoso de "ser tratado como um adulto",** quando os inúteis (e, o que é mais importante, os Adultos de Verdade na alta administração) testemunharem sua proatividade, eles verão alguém confiante, capaz e confiável que, portanto, requer menos proteção, orientação e supervisão.

Quer controlar seu destino e impedir que os outros atrapalhem o seu caminho? Então, tome a iniciativa!

DICA PRÓ-ADULTO: Antes de me tornar uma antiguru capaz de não me importar com o que os outros pensam sobre meu jeito de levar a vida, eu tinha dificuldade em me impor no trabalho, e meu marido me disse algo muito sábio: "A questão é o negócio editorial, querida. Não são os amigos editoriais." Como adulto, você precisará fazer as coisas acontecerem pedindo [honestamente, educadamente, com respeito] o que deseja, resistindo a demandas irreais, desvencilhando-se de distrações indesejadas e muito mais. Se os seus colegas não gostarem dos resultados, podem fofocar sobre você com os próprios amigos *de verdade* durante o fim de semana, assim como o resto de nós.

Finalmente, observe que **adotar uma mentalidade proativa é uma maneira não apenas de resolver problemas existentes, mas também de criar oportunidades completamente *novas*** para acumular vantagens como um ADV. Por exemplo:

> Só porque o proprietário do seu apartamento não lhe ofereceu uma redução no aluguel em troca de você substituir os azulejos laranja e amarelos dos anos 1970 de cozinha por outros que não façam sentir que colocou LSD no seu açaí todas as manhãs, não significa que você não possa *sugerir* esse acordo. Tome iniciativa e veja o que acontece! (Não pode ser pior do que esses azulejos. Eba!)
>
> Ou, apenas porque seu chefe não percebeu que um de seus principais concorrentes começou a ganhar participação de mercado quando adicionou mais gatos ao feed do TikTok, não significa que você não possa apontar isso, acompanhado por uma proposta de algumas "alterações estratégicas de branding" para a conta corporativa. Nunca se sabe — vai que você e seu querido Tuna Turner estão a uma "ronronada" de distância do escritório principal. *Miau.*

Tomar iniciativa garantirá seu sucesso? Não necessariamente, mas **os Adultos de Verdade estão dispostos a tentar E estão mais equipados para obter sucesso.** Se eu fosse você, aproveitaria essas chances.

Socorro!

Apontei no início deste capítulo que os ADV são "em grande parte" autossuficientes. Isso ocorre porque ser "completamente" autossuficiente é coisa de eremitas *radicais* que não querem que ninguém esteja por perto, muito menos fazendo coisas por eles. O restante de nós definitivamente precisa de ajuda de tempos em tempos, e, quando você se depara com os limites de seu conhecimento, poder e habilidades, é mais do que aceitável pedir ajuda. Na verdade, é a coisa adulta a se fazer! Conhecer seus limites é uma autoconsciência extrema, e operar dentro deles é sempre a ação mais responsável.

E agora, para apresentar o último tópico sobre ser um adulto independente, vamos falar sobre **a engenhosidade.**

Isso é meio que importantíssimo.

Tem certeza de que procurou em todos os lugares?

Então... Eu não queria dizer isso na introdução para não assustar você, mas a humanidade está à beira do *precipício*, camaradas. É uma situação séria.

Entre pôr um fim ao fascismo, reverter as mudanças climáticas e lidar, digamos, com pelo menos mais três pragas mundiais nesse meio-tempo, a aposentadoria da Tia Sarah está parecendo extremamente apocalíptica, e está ficando cada vez mais claro que nós, seres humanos, **temos muito trabalho pela frente para podermos sobreviver nos próximos 25 anos, que dirá nos próximos 6 milhões.**

CONTRA-ARGUMENTO: Toda vez que meu coração gelado e morto vê uma notícia sobre um adolescente inventando um novo método para limpar nossos oceanos, **eu lembro que esse tipo de mudança é possível, se TODOS nós aprendermos a ser mais engenhosos.**

Bem, talvez não "todos" nós. Estou dando uma folga para os Bebês de Verdade, que estão ocupados conquistando, com dificuldade, vitórias como a percepção de profundidade e a mastigação de alimentos sólidos. Eles têm coisas suficientes para aprender. Também não culpo uma criança de 5 anos que joga as mãos para o alto e se rende quando a calça favorita, a qual ela aprendeu a vestir recentemente, desaparece. Não se espera que crianças de 5 anos entendam os conceitos de "olhar em todas as gavetas" ou "verificar o cesto de roupa suja".*

Mas eu vou insistir com meus colegas adultos, em teoria ou não, para que **se esforcem mais quando se trata de encontrar uma solução ou gerenciar uma crise**. Como, por exemplo:

Se não consegue encontrar algo, continue procurando.

Se não sabe fazer algo, aprenda.

* Um salve para o meu marido, que nunca achou um compartimento de tralhas no qual ele pudesse encontrar o abridor de garrafas!

Se você não é muito bom em algo, pratique.

Se algo não sair conforme o planejado, tente um caminho diferente para obter o resultado desejado.

Ou aceite o resultado que você *obteve* e se adapte a ele. Como na vez em que houve um assassinato em nosso prédio no fim de semana de Halloween, e, quando meu colega de quarto Steve chegou em casa do trabalho, a polícia não o deixou entrar, o que significava que ele não podia se trocar para a fantasia que tinha planejado usar na festa à qual todos nós deveríamos ir naquela noite.

Então, ele se aproximou do balcão do bar do outro lado da rua e usou a criatividade. Quarenta e cinco minutos e duas cervejas depois, Steve tirou sua camisa social, pegou uma caneta emprestada com o garçom, escreveu "Fui para a Geórgia e tudo o que consegui foi esta camiseta vagabunda" na camiseta, fez dois chifres curtos de diabo com porta-copos de papelão promocionais da Stella Artois e os fixou no chapéu de cowboy que havia pedido a sua namorada para lhe entregar a caminho da festa. (A fita adesiva também foi fornecida pelo garçom.)

Isso, *sim*, é ser engenhoso. Sejam mais como o Steve, pessoal!*

* Se você for muito jovem (ou talvez muito britânico) para entender a piada, foi uma brincadeira com o hino de rock sulista da Charlie Daniels Band,"The Devil Went Down to Georgia". Todos nós achamos genial, mas, bem, também tínhamos bebido algumas Stellas.

Mas, falando sério, **aprofundar, pensar com mais rigor e ser criativo** irá beneficiá-lo em todos os aspectos da vida adulta, do trabalho ao lazer.

Se você receber uma tarefa — como, por exemplo, tomar notas na reunião de gerenciamento semanal —, e seu primeiro instinto for "*Mas eu nunca fiz isso antes, não sei como começar!*", apenas peça para quem *costumava* tomar as notas enviar os arquivos do último mês para que você possa ter uma ideia de como é. Não há necessidade de reinventar a roda quando ela está bem ali em um documento do Word.

Três perguntas que pessoas engenhosas se fazem regularmente

"Já tentei de tudo?"

"Onde posso obter mais informações?"

"O que posso fazer com o que tenho?"

Se você deseja um gadget de marca pelo qual não pode pagar, talvez haja algum usado em bom estado no eBay ou no Craigslist que poderia comprar. Ou uma versão mais barata que você descobriria ser tão bem avaliada quanto a outra, se tirasse um tempo para analisar as avaliações online. Ou, por exemplo, se queria passar em um salão para fazer cabelo e maquiagem antes de um evento, mas seu orçamento não permite, pode procurar estilistas juniores ou estudantes como uma alternativa mais barata.

Se tiver dificuldade em entender as instruções que vieram com seus móveis de quarto da IKEA, tenho certeza de que há um vídeo no YouTube que mostrará como montar o MALM ou o TYSSEDAL, e você pode pausá-lo quantas vezes for necessário para resmungar "Merda!" e procurar os pequenos pinos de madeira que acabou de derrubar no chão.

Se seu gato selvagem estúpido for pra cima de você e quebrar sua mão no momento em que você está com um prazo apertado e não tem tempo para esperar oito horas a fim de ser atendido na clínica, é possível improvisar uma tala com duas lixas de unha e um bandana e continuar digitando. (Em minha defesa, na época, achei que era apenas uma torção. Eu nem sempre defenderia que a intervenção médica em casa substitui um raio-X, mas isso me ajudou em um aperto.)

E então temos toda essa questão de **"salvar a humanidade"**, que é *impactante:*

Você poderia ser um ADV totalmente engenhoso que descobre, por meio de pesquisa online e da criatividade, como tornar sua casa 50% mais sustentável. Ou, se não tem o poder para fazer algo sozinho, poderia ser o herói do bairro que organiza um evento de arrecadação de fundos/festa de quarteirão para angariar dinheiro para um candidato político que tem influência para levar seus valores coletivos ao próximo nível.

Suas contribuições não precisam ser excessivamente ambiciosas ou proibitivas; o importante é que, **com todos os ADV engenhosos a postos, elas terão um bom resultado.** E quando se trata de "água potável" e "temperaturas habitáveis", o nosso esforço coletivo como adultos com certeza é melhor do que a outra alternativa.

(Embora, se houver CEOs bilionários lendo isso, por favor, fiquem à vontade para FAZER MUITO MAIS em relação a financiar energia alternativa, reduzir os custos de saúde, tirar as famílias da linha da pobreza, fortalecer nossa infraestrutura e talvez focar menos em "viagens turísticas à lua", e mais em "tornar o planeta que temos mais seguro, acessível e habitável a longo prazo". Sabe, pra começo de conversa.)

Bem, onde eu estava mesmo?

Certo, então, como última dica para despertar seu lado engenhoso, vamos voltar às nossas raízes de infância com **um pequeno exercício que chamo de "Faça de conta e faça dar certo".**

Da próxima vez que você se sentir tentado a desistir de um problema (ou repassar sua responsabilidade para outra pessoa), dê um passo para trás por um segundo e deixe sua imaginação assumir o controle. Finja que você é um explorador destemido, um cientista brilhante ou um jornalista obstinado — alguém que adora fazer descobertas, experimentar soluções e seguir pistas sempre que possível.

Lewis e Clark deixariam um território inexplorado atrapalhar seu caminho?

A futura ganhadora do Prêmio Nobel Dorothy Hodgkin desistiria de isolar a estrutura molecular da insulina, abrindo assim o caminho para sua produção em massa no tratamento da diabetes, porque era "muito difícil"?

Ronan Farrow diria "Ah, acho que nunca vou saber"?

Não. Esses Adultos de Verdade enfrentariam uma tarefa ou problema com todos os recursos à disposição e ainda mais. Eu o encorajo a fazer o mesmo — e você pode começar se fazendo as perguntas que forneci naquele proveitoso anexo da página 165.

Mesmo que você não consiga triunfar no final (nem todos podemos ser laureados com o Nobel), outro bônus de ter pensado um pouco mais e se esforçado um pouco mais em busca de soluções alternativas é que, **com o tempo, você acabará acumulando um arsenal de novas habilidades que certamente facilitarão sua vida no futuro.** Montagem de móveis, imobilização de dedos, fantasias de Halloween emergenciais: tudo isso aguarda vocês, jovens!

DICA PRÓ-ADULTO: "Saber trocar um pneu" pode ser um exemplo arquetípico de habilidade adulta, mas, por falar nisso, só presenciei dois pneus furados em toda a minha *vida* até agora. Sabe o que você realmente precisa aprender a substituir? ASSENTOS DE VASO SANITÁRIO. Guardem minhas palavras, amigos. Guardem minhas palavras.

Aliás, além de ajudar você a realizar suas tarefas pessoais — e potencialmente as de toda a humanidade —, **ser engenhoso faz com que pareça um Adulto de Verdade aos olhos de *todos os outros***, o que é útil se você deseja ser tratado como um adulto em vez de como uma daquelas pessoas irritantes que estão sempre fazendo perguntas que poderiam facilmente ser respondidas com uma pesquisa no Google.

Cof-cof.

Agora, na última parte da primeira metade da parte III, vamos dar alguns passos de adultos ao **assumir a responsabilidade pela própria saúde.**

Física E mental.

NADA DE PULAR ESTA PARTE.

Coma seus legumes

Primeiramente, não deixe o título do capítulo enganar você. É um "truque organizacional", lembra? Tia Sarah não está aqui para pregar os benefícios do brócolis. Como você pode imaginar, essa é uma discussão para um livro diferente, de um autor diferente, com um conjunto diferente de credenciais e que liga para o potássio.

Além disso, **"assumir a responsabilidade pela sua saúde" não se resume apenas a consumir seus legumes.** Isso provavelmente faz parte, mas, se você está procurando esse tipo de informação, é melhor obtê-la de um médico, de um nutricionista ou de qualquer outra pessoa, menos da mulher que jantou duas tigelas de salgadinhos e um Aperol Spritz na noite passada.

(Também não estou aqui para dar dicas de perda de peso ou vigiar seu corpo. Não POSSO com esse tipo de coisa.)

Em vez disso, gostaria de compartilhar alguns **conselhos sobre cuidados com a saúde que *eu gostaria* de ter levado a sério muito antes da minha idade atual de quarenta-e-tantos.** E, embora as minhas dicas não incluam as palavras "dieta" ou "exercício", estou confiante de que elas contribuirão para o seu bem-estar geral, o que, por sua vez, deixará você mais energizado e capaz de seguir todos os meus outros conselhos — o que é bom para ambos, porque se você for contar aos seus amigos como sou divertida e útil certamente me fará vender mais livros.

Ei, eu conheço meu eleitorado.

Então, sem mais delongas, vamos lá com a **DICA PRIMEIRA:**

- **Não existe uma solução única que funcione igualmente bem para todos.**

Óbvio? Talvez. Mas, dada a constante avalanche de manchetes "úteis" como AÇÚCAR É O INIMIGO, E FAÇA ESTA DIETA DE AÇAFRÃO PARA OBTER O CORPO DE VERÃO PERFEITO!, acho *mais* útil ser lembrado por uma velha rabugenta como eu que nem todas as escolhas de estilo de vida "saudáveis" funcionarão ou serão agradáveis para todos, não importa o que os influenciadores de bem-estar que promovem superalimentos, pranchas laterais e séruns no Instagram querem que você acredite.

Cinco benefícios de assumir a responsabilidade pela sua saúde além dos benefícios para o bem-estar em si

Ser capaz de levantar sua bagagem de mão até o compartimento superior do avião sem distender um músculo

Protetor solar é bom, mas loção bronzeadora também faz você ter um cheiro irresistível

Limpezas dentárias semestrais cobertas pelo seguro vs. tratamentos emergenciais de canal não cobertos pelo seguro

Lentes de contato coloridas são sexy!

A inveja de todos que contemplam sua pele radiante e bem hidratada

Depois de quarenta-e-tantos anos de altos e baixos, aprendi que **é mais fácil, mais agradável e mais eficaz focar o que *sei* que funciona para *mim*.** Por exemplo:

> Eu me sinto incrível quando consigo comer uma maçã a cada três dias. *Vai com tudo, garota! Respeite seu corpo!**
>
> Meu pescoço e minhas costas estão curvados diante de um notebook escrevendo esses livros por sete anos seguidos, então para mim, uma massagem resolve mais problemas do que uma aula de spinning.
>
> E, em alguns dias do mês, a única coisa que meu corpo quer no mundo é queijo, queijo e mais queijo, e vou brigar com qualquer pessoa que me diga que eu não deveria comer tanto queijo. OBVIAMENTE EU PRECISO DE CÁLCIO.

DICA PRÓ-ADULTO: Escute esta mulher de meia-idade que não hidratou a pele desde cedo quando ela diz que você deveria hidratar a pele desde cedo e com frequência. Ai, ai.

Agora, e VOCÊ? **O que o faz se sentir mais saudável? E, já que estamos falando disso, o que faz você se sentir mal pra caramba?** Vou lhe pedir para fazer um inventário completo em breve, mas, caso precise de inspiração, aqui está:

* TM @htmsports, IYKYK

Hora de dormir

Se sua vida desperta não está indo tão bem, talvez haja espaço para melhorias no Mundo dos Sonhos? Algumas pessoas conseguem dormir profundamente assim que sua cabeça toca o travesseiro e acordam revigoradas após cinco horas. Outras, nem tanto. Se este último caso é mais o seu estilo, faça uma **reflexão crítica** sobre a quantidade e qualidade do seu sono e procure coisas que ajudem a melhorá-lo.

Algumas ideias: protetores auriculares, ruído branco, melatonina, CBD, spray de travesseiro de lavanda, parar de consumir cafeína após as 15h ou remover a TV do quarto. Você também tem todo o direito de recusar o "Café da Manhã do Clube do Livro" da sua amiga neste sábado porque precisa, desesperadamente, dormir até mais tarde, ainda mais do que a Eva precisa de uma quinta pessoa para discutir o novo livro da Colleen Hoover. A atitude de um ADV envolve colocar a própria máscara de oxigênio — ou melhor, a máscara para dormir — primeiro, antes de ajudar os outros.

Mande ver

Uma coisa que talvez você não queira negligenciar é a sua saúde sexual, meus amigos safadinhos. Como um componente do seu bem-estar geral, o sexo pode não parecer [sempre] tão imperativo quanto comer, dormir, respirar, e, como tal, ele pode facilmente se perder na correria diária. Se esse for o caso — e se isso estiver incomodando você —, então **reorganize essas prioridades e tome alguma iniciativa!**

Expresse suas necessidades. Planeje um momento sexy com seu parceiro atual. Construa uma conexão com alguém novo. Estoque pilhas AAA e faça a festa sozinho. Ou, se você não está exatamente querendo fazer *mais* sexo, mas procurando informações sobre como fazê-lo *melhor* ou de forma *diferente*, então é hora de **ser mais engenhoso**. Para isso, eu digo: Agradeça a Deus pela internet! E bibliotecas! E lojas de brinquedos locais inclusivas! E tias legais e sem julgamentos que ficam felizes em responder a qualquer pergunta que você possa ter!

Se bebeu, perdeu?

A Dona Aperol Spritz aqui está longe de criticar a decisão de beber. Mas, se você se sente cansado, confuso e lento com muita frequência, depois de muitas noites regadas a tequila, talvez queira **considerar as consequências** (sentir-se mal, cometer erros no trabalho, irritar seus amigos) de suas ações (pedir shots para a mesa... e depois beber todos eles sozinho) e **assumir a responsabilidade de fazer mudanças** que, sem dúvida, melhorarão a saúde do seu corpo, mente e relacionamentos.

Talvez valha a pena ficar sem beber por uma semana, ou adquirir o hábito de substituir o álcool por uma água com gás a cada duas rodadas? E não esqueça o poder dos **incentivos** para ajudar a se controlar — aquele orçamento de coquetéis a que você tem aderido ultimamente poderia cobrir uma farra de compras sóbrias no mercado, e mamãe precisa de alguns utensílios domésticos novos.

DICA PRÓ-ADULTO: TOME O IBUPROFENO E BEBA ÁGUA ANTES DE DORMIR. Esperar até a manhã seguinte é tarde demais para o seu pobre fígado que está trabalhando duro.

Está bem, agora é hora de você fazer um inventário. Quero que pense sobre os vários altos e baixos relacionados à sua saúde atualmente e depois anote suas descobertas para que possa começar a criar soluções úteis por conta própria. (Lembre-se: falaremos sobre saúde mental no próximo capítulo, portanto, concentre-se aqui nas coisas que melhoram ou agravam sua condição *física*.)

Sinto-me melhor quando	Sinto-me péssimo quando
____________________	____________________
____________________	____________________
____________________	____________________
____________________	____________________
____________________	____________________
____________________	____________________
____________________	____________________

Ótimo trabalho! O próximo passo é ***assumir a responsabilidade*** **de combinar os dados das colunas A e B** em um estilo de vida que atenda às necessidades do seu corpo expressas acima.

Mas, mas... é DIFÍCIL fazer ____________________ e ____________________ (e não ____________________)!

Sim, bem, ser adulto pode ser difícil, queridos. Já falamos sobre isso. Também já abordamos "coisas que facilitariam isso", **incluindo a criação de bons hábitos** (uma maçã a cada três dias? VENHA ATÉ MIM, FIBRA!); e "coisas que tornariam isso mais agradável", como **incentivos**. Talvez você vá ao cinema neste fim de semana, caso lembre de beber oito copos de água todos os dias durante a semana? (Só vá com calma nos líquidos antes do filme; você não vai querer desperdiçar sua recompensa fazendo três viagens ao banheiro do cinema.)

Ai, que nojo!

Mandando a real: como adulto, você terá que enfrentar algumas verdades desconfortáveis — tipo, fisicamente desconfortáveis — como infecções do trato urinário, infecções por fungos, hemorroidas e todas as coisas desagradáveis que ninguém quer enfrentar, mas com que a maioria de nós *precisa lidar* em algum momento. Quanto mais cedo assumir a responsabilidade por essas situações desagradáveis da vida adulta, melhor. Eu sei que era menos embaraçoso quando era sua mãe que comprava creme para bumbum para você, mas, acredite em mim, ficar na fila do caixa da farmácia com um tubo de creme para hemorroidas é muito mais agradável do que deixar as coisas saírem do controle na área do bumbum.

PS: Na minha experiência, um flutuador inflável do tamanho de uma boia para crianças é tão eficaz quanto uma almofada inflável para hemorroidas, e o atendente do caixa não ficará sabendo. De nada.

Assim que você entender a sua receita altamente personalizada para se sentir bem, vamos para a **DICA SEGUNDA!**

- **Ignore o ruído.**

Não se deixe distrair ou se envergonhar do seu autocuidado ao ter como base as ideias de outra pessoa sobre o que funciona para *elas*, e que, portanto, acham que *deveria* funcionar para *você*. Como mencionado, os ADV independentes precisam pensar e se cuidar de várias maneiras, o que inclui rejeitar a pressão para se conformar com as noções e padrões dos outros quando a sua saúde está em jogo. Por exemplo:

> Você pode se encontrar na desagradável posição de ser alérgico ou afetado negativamente por alimentos "saudáveis" ou "normais" e pode se surpreender com quantas pessoas ou não entendem o que está acontecendo ou não acreditam em você e continuam dizendo: "Vamos lá, um pedaço de cheesecake não pode fazer mal!" Pro inferno com essa gente. Se você sabe, no seu íntimo, que o glúten ou a lactose afetam o seu organismo, então não permita que ninguém o convença a consumi-los.
>
> Você pode ter lutado contra distúrbios alimentares no passado e sabe em seu coração, não importa o quanto seus amigos panfletem em favor do jejum intermitente, que a restrição não é saudável para VOCÊ, assim como a indulgência excessiva não é. Você tem todo o direito de encontrar seu equilíbrio (para mim, é "tudo com moderação", incluindo os salgadinhos) e viver com ele sem custo, apesar do método 16:8 e da dieta 5:2.
>
> Você pode estar totalmente comprometido com o culto ao CrossFit. Parabéns, e espero que se sinta à vontade para permanecer firme em sua rotina pessoal de bem-estar, mesmo que *algumas* pessoas não percam a oportunidade de fazer piadas sobre seus métodos suados.*

* Eu mesma já fui conhecida por fazer piadas sobre CrossFit.

DICA PRÓ-ADULTO: Brincar de casinha é uma beleza até alguém quebrar um copo na pia ou ralar até os nós dos dedos com o ralador de queijo. É bom manter sua toca de adulto abastecida com utensílios básicos de primeiros socorros — ou pelo menos conviver com pessoas que tenham, seja no mesmo apartamento ou no mesmo prédio — uma lição que minha amiga Liz aprendeu no dia em que me ligou perguntando: "Vocês têm Band-Aids *bem grandes*?" Sim, nós tínhamos.

No que diz respeito à minha última dica para manter sua saúde física, reconheço o privilégio implícito tanto em oferecê-la quanto em poder segui-la. No entanto, dito isso, eu acredito muito na **DICA TERCEIRA**, que se desdobra em duas partes:

- **Procure um médico.**
- **E então realmente compareça às consultas. Tipo, regularmente.**

A assistência médica nos Estados Unidos é completamente maluca e apocalíptica.* O sistema está quebrado e é caro, quer você tenha plano de saúde ou não. Compreendo que "procurar um médico" pode ser um desafio e tanto. (Quanto mais regularmente! Acabei de descobrir que minha ginecologista, a qual me atende há vinte anos, não aceita mais o meu plano, então parece que vou ter

* E provavelmente também é na maioria dos lugares em que este livro será publicado, exceto no Canadá e nos países nórdicos. Amo vocês, pessoal!

que me virar para encontrar alguém em quem confie para explorar minhas partes íntimas a partir de 2023.)

Além disso, nem todos os médicos são bons — alguns têm uma péssima atitude e/ou preconceitos inaceitáveis contra mulheres, pessoas não-brancas, ou pacientes LGBTQIA+, obesos ou com deficiência.

Além disso, em relação à Dica Terceira, Parte Dois, "*comparecer às* consultas" pode ser extremamente desafiador se você não puder tirar tempo remunerado de trabalho para fazê-lo, ou se precisar viajar longas distâncias porque sua comunidade não tem acesso adequado à assistência médica.

TUDO ISSO É VERDADE.

Mas, apenas para efeitos de argumentação, digamos que você TENHA o tempo, a energia, o dinheiro e a determinação necessários para procurar por um médico e comparecer à consulta. Isso é ótimo! Agora… quando foi a última vez que você fez isso?

Uhum.

Acredite em mim, eu entendo que **fazer o esforço para marcar uma consulta nem sempre parece importante,** especialmente quando você tem 21, 25 ou até mesmo 32 anos. Mas então — acredite em mim quanto a isso também — um dia todo o seu corpo vai decidir desmoronar, célula por célula, e seria ótimo, se você tivesse um profissional para ajudá-lo a lidar com isso.

Por que sofrer com dores de cabeça misteriosas todos os dias que, no fim das contas, não passam de alergias tratáveis? Ou com dores nas costas persistente que podem ser aliviadas por um quiropraxista, que foi colocado na Terra para exercer tal função?

Isso sem falar nas coisas preveníveis ou precocemente detectáveis que uma consulta médica pode realmente ajudar, é..., a prevenir e/ou detectar precocemente. Talvez, como eu, você tenha acordado em pânico no meio da noite percebendo que sua mãe tinha EXATAMENTE A SUA IDADE quando teve um ataque cardíaco e, ah, também era apenas dez anos mais velha que você agora quando foi diagnosticada com câncer de mama. Então, provavelmente, seria uma boa ideia começar a monitorar seus lipídios e gânglios linfáticos, além de outras coisas, com a ajuda de um profissional mencionado anteriormente.

E, no mínimo, por que se torturar com preocupações quando um mero check-up poderia lhe fornecer uma paz de espírito valiosa quanto àquela erupção redonda e que está coçando e cujos sintomas, caso contrário, você pesquisaria na internet às duas da manhã e interpretaria como uma morte certa? (Provavelmente é apenas micose, o que não é tão ruim quanto parece. Use um creme antifúngico e, em uma semana, você já vai poder vestir roupas de manga curta.)

De qualquer forma, como eu disse, procurar um médico/comparecer à consulta pode ser um desafio. Talvez muito grande. **Mas, se você TIVER os meios e a oportunidade, então pelo amor**

de tudo o que é tratável, prevenível e precocemente detectável: eu imploro que crie coragem e FAÇA USO DISSO.

E, aproveitando esse embalo, lembre-se de que **o bem-estar não é apenas para a sua pele e ossos; é para esse seu cérebro bonitão também.**

Use um capacete*

A saúde mental é tão importante quanto a saúde física. Mas — devido a fatores como estigma, vergonha e uma falta geral de conscientização *sobre* sua importância e sobre *o que* pode ser feito para promovê-la — **pouquíssimos de nós chegam à idade adulta munidos das informações de que precisamos para cuidar de nosso cérebro da mesma forma que cuidamos de nosso corpo.**

E preciso dizer que eu não estava nem remotamente preparada para o pior que o meu grande e belo cérebro teria a oferecer — desde o dia em que desmaiei no edifício do meu escritório em Midtown Manhattan durante o meu primeiro ataque de pânico (aos 30 e poucos anos) até as batalhas subsequentes com ansiedade e depressão que lançaram uma sombra sobre a próxima década e que eu ainda estou enfrentando todos os dias.

* Sacou? Para proteger a sua cabeça! (Eu não sei você, mas estou me divertindo por aqui.)

É por isso que sempre tentei usar meus livros e minha plataforma para falar sobre saúde mental. Não vou alegar ser uma especialista em diagnóstico ou tratamento, mas quando se trata de reduzir o estigma e aumentar a conscientização...

Bem ou mal, sinto-me mais do que qualificada para fazer isso.

Busque um Profissional

Este parece ser um bom momento para deixar claro que sua tia-guru favorita não é médica e nem uma terapeuta profissional. E, além disso, embora eu tenha aconselhado você nestas páginas que "ser adulto significa aguentar e fazer as coisas mesmo quando é difícil", se simplesmente levantar da cama ou sair de casa estiver ficando realmente difícil para você, isso provavelmente não é coisa de Bebezão, mas pode ser "um problema de saúde mental grave que precisa ser tratado". Nesse caso, procurar por um profissional é a melhor opção, e encorajo você a fazer isso. Ele provavelmente não vai dizer tantos palavrões quanto eu, mas não se pode ter tudo nessa vida.

Agora que o aviso prévio foi devidamente dado, aqui estão algumas coisas que espero que você mantenha em mente no que diz respeito a **assumir a responsabilidade por esse seu cérebro bonitão:**

- **Você não precisa estar "no fundo do poço" para colher os benefícios do cuidado com a saúde mental.**

Qualquer pessoa pode consultar um terapeuta, ou procurar maneiras mais simples (e econômicas) de se recentrar e reduzir o estresse — como começar a fazer jardinagem ou a escrever em um diário; distrair-se com jogos de palavras ou fazer palavras-cruzadas diariamente; sair para longas caminhadas ou experimentar ioga, o que também pode ser um bônus para sua saúde física. Na verdade, ao adotar algumas **medidas proativas de prevenção,** você pode estar fazendo um grande favor a si mesmo ao não deixar a situação se complicar. Autocuidado: é o ato definitivo de responsabilidade!

- **Se você já passou do ponto da *prevenção,* existem muitas estratégias, médicas ou não, para gerenciar seus sintomas e se sentir BEM melhor. Aqui está o meu melhor conselho [não profissional] para começo de conversa:**

Corra, não ande

Quando você percebe que está passando por um momento difícil, não perca tempo esperando para lidar com isso. Você tem a responsabilidade consigo mesmo de reconhecer o que está acontecendo e agir. Falo a partir de uma experiência agonizantemente prolongada, tendo esperado tempo demais para colocar minha saúde mental em ordem depois que a necessidade de fazer isso ficou abundantemente clara. Adiei porque estava muito ocupada; não era tão ruim assim; certo, *era* bem ruim, mas ainda assim estava muito ocupada; não estava pronta para admitir que precisava de ajuda; minha preocupação era que ser menos ansiosa de alguma forma me faria perder minha determinação ambiciosa. (Spoiler: não foi o que aconteceu.) E assim por diante. O atraso entre perceber que eu precisava de ajuda e realmente buscá-la resultou em anos de sofrimento desnecessário — ANOS — para mim, meu marido, minha família e provavelmente muitos de meus colegas de trabalho.

Independente de você ter 15 ou 55 anos, sua saúde mental é muito importante para ser ignorada, então vê se cresce, p*rra, e cuide disso! Mas também:

Não se culpe

É provável que dê alguns passos em falso antes de encontrar o que funciona para você, e, porque os cérebros são misteriosos e volúveis, certas coisas podem não funcionar *sempre*, ou às vezes podem *deixar* de funcionar, e você terá que tentar algo novo. Tenho tomado minha Sertralina fielmente todos os dias por uma década e, no fim, tive que tentar *meditar* para passar pelo Verão Amaldiçoado de 2020. Sinceramente, nunca pensei que esse dia chegaria, pessoal. (E sabe o que é ainda mais surpreendente? MEDITAR ME AJUDOU.)

Tomar a iniciativa e buscar soluções de forma criativa são grandes conquistas de responsabilidade. A única outra coisa que você deve a si mesmo é ter compaixão enquanto continua nesse caminho.

Mas *veja* bem

Um dos maiores problemas para manter sua saúde mental é que você pode nem sempre saber que HÁ um problema. Pode se sentir estressado, agitado, com pouca energia ou talvez em um estado de espírito ruim, mas não perceber como está mal, e isso muitas vezes acontece justamente *porque* você está muito mal. As doenças mentais são assim.

Se chegar a um ponto em que alguém em quem você confia e que o conhece bem sugerir que você parece estar experimentando um nível incomum de angústia, acreditar neles e seguir as dicas anteriores é provavelmente uma boa ideia. (Especialmente se mais de uma pessoa sugerir isso... mais de uma vez.) Juro que a maioria das pessoas não sai por aí acusando seus entes queridos de serem mentalmente instáveis só por diversão; elas só querem que você se sinta melhor. E eu também quero.

- **E, independentemente do estágio em que você esteja em relação ao cuidado e manutenção da sua saúde mental, saiba que não há absolutamente nenhuma razão para se envergonhar disso.**

Eu não posso entrar na sua mente e apertar um interruptor para fazer esses sentimentos desaparecerem. Adoraria poder! Mas, pelo menos, posso me juntar ao coro de vozes *fora* da sua cabeça que está lhe dizendo que é normal, inteligente e necessário priorizar o cuidado com a saúde mental. Você merece isso.

Tenho certeza de que, a partir de tudo que eu disse aqui, é óbvio que há muito **ALÍVIO** para encontrar no tratamento de qualquer problema de saúde mental, seja uma semana estressante, um episódio de burnout ou uma luta ao longo da vida contra a depressão. E, para muitos de nós, isso é uma MO-tivação VSCP mais do que suficiente para crescer e agir. Mas também há muitas **RECOMPENSAS** — momentos genuínos de felicidade que você poderá desfrutar assim que colocar sua saúde mental em ordem.

Seus relacionamentos podem melhorar. Seus níveis de energia podem aumentar. Você pode ganhar (ou recuperar) confiança. Pode encontrar uma nova inspiração e motivação, bem como se tornar capaz de acessar mais alegria. Você pode até se sentir tão bem e recém-energizado, confiante e inspirado que irá largar o emprego, mudar-se para os trópicos e escrever um livro de sucesso sobre não estar nem aí.

Pode acontecer!

Confiabilidade (agindo com responsabilidade)

Os Adultos de Verdade são pensadores independentes que assumem a responsabilidade pelo que precisam fazer, ALÉM DE serem confiáveis para cumprir o que prometeram fazer *para outras pessoas* no prazo prometido. E, se, por algum motivo, não puderem cumprir uma obrigação como combinado, no prazo, farão questão de informar com antecedência. Isso é muito legal! Eles conseguem fazer tudo isso planejando com antecedência, fazendo sua lição de casa e gerenciando as expectativas tão sabiamente quanto gerenciam seu tempo — ou seja, tomando ações responsáveis que os colocam no posição ideal para serem adultos e tratados como tal. Porque deixe eu dizer uma coisa: ninguém estima, respeita ou confia mais em alguém do que em ALGUÉM EM QUE SABEM QUE PODEM CONFIAR.

Talvez você devesse ter pensado nisso antes de sairmos de casa

O caminho para se tornar um Adulto de Verdade Totalmente Confiável começa ao **pensar nas coisas com antecedência.**

Como de costume, Bebês de Verdade não conseguem, e os Bebezões não querem fazer isso, mas os Adultos em Teoria talvez nem sempre percebam que *deveriam*. Eles não são necessariamente ineptos ou preguiçosos, mas dizem coisas como "Haha, não sou muito de planejar!", e mesmo que consigam resolver as coisas, isso não acontece sem uma boa dose de caos de última hora que causa a eles e a todos os outros uma quantidade desnecessária de agitação ao longo do caminho.

Eu sei que você pode melhorar. **Pode tornar a sua vida — e a de todos os outros — mais fácil e agradável com um pouco mais de planejamento com antecedência.**

DICA PRÓ-ADULTO: Não comece o trabalho até ter todos os materiais em mãos e em condições de funcionamento. Na verdade, passei por tentativas profundamente irritantes até aprender essa lição, uma das quais envolveu a ausência de um eletrodoméstico de cozinha bastante importante por um período bastante extenso. E isso vale para todos os tipos de projetos, desde assar uma torta até pintar um quarto ou montar o closet que você encomendou. O pior momento para descobrir que você precisa de uma serra tico-tico que não tem em casa é às 21h de um domingo, sem nenhuma loja de material de construção aberta por perto.

Ah, eu já tenho que fazer esse negócio, e agora você está dizendo que tenho que pensar em COMO vou fazer? Não posso simplesmente começar e esperar que dê tudo certo??

Em uma palavra, não. Em noventa palavras: Ninguém está pedindo para você sair e comprar um bullet journal para documentar cada passo seu de cada hora de todos os seus dias. Isso parece irritante e ineficiente, duas coisas que eu nunca endossaria. Mas, se você ficar sem opções ou sem tempo porque não parou para analisar o panorama da situação antes de começar, isso é *ainda mais irritante e ainda menos eficiente*. E infelizmente, mesmo as suas melhores intenções não contam quando você nem seria capaz de segui-las em primeiro lugar devido à sua falta de previsão.

Por exemplo, se você prometeu à sua vizinha idosa que limparia o quintal dela neste fim de semana, seria bom verificar a previsão do tempo. Dessa forma, se parecer que vai chover no domingo, você saberá que deve ir lá e fazer o trabalho no sábado antes que o céu caia e o quintal da Sra. Petrillo se transforme em um terreno baldio encharcado e lamacento.

Ou se estiver *prestes a prometer* ao seu colega de trabalho que pode cobrir seu turno do sábado à noite, você deve primeiro considerar seu compromisso com a limpeza do quintal (E verificar a previsão do tempo). E então, se domingo realmente estiver parecendo chuvoso, decida se é uma boa ideia ficar em pé atrás do bar por oito horas depois de ter passado o sábado inteiro lidando com o quintal da Sra. P.

Em todos os cenários acima, a ideia é pensar crítica e cuidadosamente para que você não decepcione ninguém (ou não se prejudique ao travar as costas). Em outras palavras: **antecipe** [as possíveis consequências] para que você possa **orquestrar** [um resultado confiável].

Hmm. Onde foi que ouvi isso antes?

Com tudo isso em mente, aqui estão três dicas para começar a **se tornar um Adulto de Verdade Totalmente Confiável.** Um ADV TC, se preferir.

Não se comprometa demais

Você sabia que é muito mais fácil cumprir seu compromisso se ele for facilmente gerenciável desde o início? #VERDADE. Assuma menos responsabilidades para que possa ser mais confiável no geral. Por exemplo, se você não tem certeza se terá tempo de passar no supermercado nos próximos dois dias, NÃO SE ENCARREGUE DE LEVAR OS PRATOS DESCARTÁVEIS PARA O PIQUENIQUE, BOBINHO. Em vez disso, voluntarie-se para a limpeza; como você já estará lá, não falhará nisso. Sua estrela dourada o aguarda.

BÔNUS: Comprometer-se menos lhe dá mais chances de *superar* as expectativas dos outros. (Surpresa! Adivinha quem trouxe brigadeiro!) Não é algo estritamente necessário para ser um adulto exemplar, mas ainda assim é uma bela carta na manga.

Especifique (*defina* expectativas)

Nunca é demais enfatizar como é *incrivelmente* maduro COMUNICAR ÀS PESSOAS O QUE ELAS PODEM ESPERAR DE VOCÊ. Desde o início. Não há necessidade de cultivar um ar de mistério aqui. Pessoas misteriosas não são confiáveis. Pessoas indecisas e inconstantes não são confiáveis. Bebês de verdade = totalmente dependentes, nada confiáveis. Você entendeu o recado.

Quanto às tarefas a que você se comprometeu [idealmente sem se sobrecarregar], agora seja sincero, educado e direto sobre como e quando planeja realizá-las — como aconselhei em relação a todas as comunicações adultas. É para o seu bem. Assim como se tornar autossuficiente permite que você viva e trabalhe em paz, vocalizar suas intenções significa que as pessoas não precisam adivinhar e esperar e se perguntar e, eventualmente, cutucar e provocar você até que esteja pronto para cumprir com algo. Elas saberão exatamente quando esperar sua metade do aluguel, suas anotações sobre a reunião de vendas, sua opinião sobre quais flores combinam melhor com os vestidos das damas de honra e tudo o mais... porque você já as informou. Vejam só!

E, quanto mais você cumprir exatamente com o que disse — o que deve ser ainda mais fácil de fazer, uma vez que definiu essas expectativas para si mesmo como adulto —, mais a sua reputação como um ADV TC crescerá, e assim você ganhará mais margem de manobra para as vezes em que realmente precisar disso. Nesse caso...

Reduza (*gerencie* as expectativas)

Se e quando você perceber que as coisas estão indo de mal a pior, faça um favor a todos dizendo a eles o que está acontecendo e o que você é capaz (ou não) de realizar sob essas circunstâncias revisadas.

O Mais Rápido Possível.

Se você precisa de mais tempo para juntar o dinheiro, diga. Se passou a noite anterior na emergência e precisa de uma prorrogação, diga. Se seus sogros o surpreenderam com uma visita neste fim de semana e você precisa remarcar a Cúpula dos Buquês para segunda à noite, APENAS DIGA. Olá, habilidades de comunicação! **A única coisa pior do que uma pessoa na qual você não pode confiar é alguém que poderia ter avisado e não o fez.**

E, aliás, você está totalmente no seu direito de reorganizar as coisas porque *deseja*, não apenas porque uma tempestade de gelo mal programada ou um episódio de gastroenterite *o forçou a fazer isso*. Mas, nesses casos, *é ainda mais importante* gerenciar as expectativas das pessoas o mais cedo e sinceramente possível, uma vez que você não tem nenhuma intervenção divina ou um kebab estragado para culpar pelo seu furo.

Seus amigos percebem quando, por cinco semanas seguidas, você cancela de última hora o jantar de quarta-feira, que é um compromisso regular, e também notam que você nunca falta a uma aula de spinning durante a semana (eles veem tudo nas suas postagens). Portanto, em vez de fazê-los sentir que você não se importa o suficiente para encontrá-los ou que é tão inconstante a ponto de não se preocupar em fazer planos, apenas diga: "Eu realmente quero ver vocês, mas estou atolada de trabalho no momento, e a aula de spinning é a única coisa que está me mantendo sã, então jantares durante a semana provavelmente não vão rolar."

E, talvez, tente estabelecer algumas novas expectativas em relação ao "brunch de domingo".

DICA PRÓ-ADULTO: Essa dica trata mais de colocar a vida em ordem do que de amadurecer, mas este é o meu livro e sou uma EVANGELISTA das embalagens organizadoras. Se você deseja viajar pela Europa por três semanas com uma única bagagem de mão *e* quer conseguir colocar facilmente suas coisas em uma gaveta e tirá-las novamente toda vez que trocar de hotel, essas pequenas maravilhas com zíper são suas novas melhores amigas.

Então, essas foram algumas dicas gerais para colocar seu motor da confiabilidade para funcionar. Agora, vamos nos aprofundar da única maneira que sua Tia Classe A sabe: **fazendo um plano.**

E olha, não estou dizendo que você precisa levar isso ao extremo. Nem todos nós arrumamos as malas três dias antes de uma viagem <cof-cof> ou fazemos compras de Natal em julho, nem precisamos nos tornar essas pessoas. **No entanto, viver sem planejamento é *outro* extremo — e é aí que reside um Adulto em Teoria tendendo para um Bebezão.**

E a realidade é que, quando você simplesmente evita pensar nas coisas antecipadamente, é provável que acabe quebrando a cabeça ao longo da tarefa, cometendo alguns erros que poderiam ter sido evitados no processo e, em seguida, desperdiçando ainda mais tempo com a ação corretiva. Tudo isso significa **que você provavelmente NÃO conseguirá, de fato, fazer o que disse que faria no prazo combinado** e terá se mostrado como alguém não confiável para os outros, dificultando tudo ainda mais para *você*.

Por que, em nome de Beyoncé, você gostaria de fazer isso? **Em vez disso, apenas pense com antecedência!**

Para ajudar nesse sentido, tenho **MAIS TRÊS DICAS CONFIÁVEIS** para ajudar você a sair do "Haha, não sou muito de planejar!" para "Sem problemas, estou resolvendo!"

Cinco coisas que você ganha ao ser totalmente confiável

Prioridade
Reconhecimento
Poderes de negociação
O benefício da dúvida
Minha admiração eterna

Era a noite anterior ao meu compromisso

Revise hoje à noite seu plano de ação para amanhã — algo fácil o suficiente de fazer enquanto você escova os dentes ou faz um passeio noturno com seu cachorro.

Por exemplo, se disse ao seu amigo que iria à casa dele ao meio-dia no sábado para ajudá-lo a estudar para a sua licença de corretor de imóveis (e que iria comprar bagels de apoio emocional no caminho), pegue a sexta-feira à noite para dar uma consideração antecipada a coisas como "trânsito" e "horários de ônibus" e "pessoas que não conseguiram tomar uma decisão antes de chegar ao balcão". É muito mais fácil e agradável identificar variáveis potenciais e planejar/contabilizá-las *antecipadamente* do que enviar uma mensagem de "desculpe, estou atrasado" enquanto equilibra dois cafés quentes, meia dúzia de bagels de canela com passas e um pote de cream cheese no seu colo sentado no banco de trás de um Uber emergencial.

Mantenha uma visão de longo prazo

Agora, considere a sua semana inteira. Há certos dias em que poderia se dedicar mais facilmente a determinadas tarefas ou atividades? Por exemplo, se você sabe que as segundas e terças-feiras são sempre as mais movimentadas no trabalho, poderia tentar manter as quartas-feiras com uma programação mais leve que lhe permita "colocar as coisas em dia" durante a semana. Isso o deixará em uma posição melhor para lidar com qualquer trabalho das segundas e terças-feiras que tenha se acumulado, o que, por sua vez, reduz suas chances de ficar tão atrasado a ponto de acabar falhando com um compromisso, social ou de trabalho, durante a semana (ou desistindo dele).

Você pode até olhar para o mês inteiro e decidir que todas as terças-feiras alternadas serão para lavar roupa. Isso manterá suas meias limpas E, ao mesmo tempo, ajudará você a liberar seus finais de semana de maneira confiável para algo mais divertido do que *dobrar* meias.

Caramba, você já ouviu falar de um plano de cinco anos? Não há limites para o pensamento antecipado, amigos!

Coloque por escrito

Agora, imagine que você está diante de uma tarefa complicada e significativa, como se mudar para uma nova cidade ou redesenhar o site da sua empresa. A execução bem-sucedida exigirá mais do que o rápido inventário mental que você fez enquanto Al Patinha fazia suas necessidades ontem à noite, ou mesmo a vantagem de uma quarta-feira tranquila para organizar suas coisas.

Agora é a hora de se tornar um adulto de verdade e **FAZER UMA MALDITA LISTA.** Sua tia Sarah adora uma lista.

Se você passar meia hora pensando e escrevendo todas as etapas que precisará seguir para concluir sua tarefa complicada e significativa, eu prometo que não vai se arrepender. Você também tem menos probabilidade de esquecer uma etapa (ou três), o que exigiria muito mais do que meia hora de estresse de última hora e uma série de reações adversas no longo prazo.

Além disso, ver tudo detalhado no papel facilita o mapeamento da ordem correta das operações para que você não acabe fazendo um depósito não reembolsável com a transportadora *antes* de descobrir que o prédio do seu novo apartamento não permite mudanças às segundas-feiras, ou prometer ao seu chefe uma data de lançamento irreal que não leva em consideração as duas semanas não negociáveis que o seu programador-chefe está tirando para a lua de mel.

Faça. Uma. Lista.

Ei, jovens, se alguma parte disso começar a parecer difícil, permitam-me lembrá-los de que, assim como cada conselho neste livro, **tornar-se totalmente confiável beneficia tanto VOCÊS quanto os outros.**

Entre outras coisas, os ADV TC são recompensados com toda aquela liberdade, autonomia, respeito e confiança que mencionei anteriormente (risos); enquanto todos os outros são incomodados por clientes, deixados de lado em promoções e silenciosamente excluídos de planos que requerem amigos confiáveis o suficiente para cumprir com sua PROMESSA de levar os pratos descartáveis ao piquenique.

Ações e comportamentos têm consequências! Quem diria?

Enfim, a essa altura, acredito que você está bem preparado para fazer o que prometeu. O que significa que é hora de um breve tutorial **para aprimorar suas habilidades de gerenciamento de tempo — também conhecido como a parte do "quando você disse que faria".**

DICA PRÓ-ADULTO: *Tudo* vai demorar e custar mais do que *dizem*. De receitas a reformas, é bom se planejar para imprevistos.

Pegue seus sapatos, está na hora de ir!

Salvo circunstâncias imprevistas — sob as quais, como mencionado, eles seriam hábeis em redefinir expectativas — os Adultos de Verdade podem ser confiáveis para cumprir prazos em projetos, inscrições e escalações imaginárias para uma partida de futebol, e para chegar na hora do jantar sem que seus amigos tenham que enviar mensagens passivo-agressivas de lembrete a cada quinze minutos nas cinco horas que antecedem o encontro.

E tudo isso é ótimo, mas também não é difícil de alcançar. Claro, alguns Bebezões se atrasam porque não respeitam as pessoas ou os processos, **mas muitos merdinhas com inclinações imaturas e irresponsáveis ainda conseguem ser pontuais.***

Então por que nem todo mundo faz isso? Por que existem tantos Adultos em Teoria por aí para quem a dominação de ADV estaria ao alcance, se eles simplesmente parassem de acreditar que "Eu não sei por quê, sou um atrasão!" é uma desculpa aceitável para sempre estar vinte minutos atrasado?

* Sério. Estou fazendo uma lista mental dessas pessoas agora, e isso está me surpreendendo.

Não é algo aceitável. E essa é uma tecla na qual sua tia Sarah baterá até o fim, porque estar no horário certo não é uma espécie de superpoder. É perfeitamente fácil de fazer e começa ao responder uma pergunta muito simples:

Quanto tempo vai levar?

por exemplo, para chegar ao tal lugar:

Haverá uma festa na casa do Rico neste fim de semana, e é uma surpresa para o aniversário de 30 anos do namorado dele, então todos realmente precisam estar reunidos antes da chegada do convidado de honra.

Para a sua sorte, com a existência do Google Maps, não há desculpa para pensar que leva dez minutos para chegar ao local quando certamente leva vinte (ou trinta na hora do rush). Verifique com antecedência as rotas para chegar de carro, a pé ou via transporte público ao destino. Se sua cidade tiver um aplicativo que notifique atrasos de metrô e trem, use-o. Se você souber que tem que buscar a Daisy no caminho e que *ela* sempre se atrasa, inclua quinze minutos de espera para sua amiga encontrar os sapatos (e diga a ela para se apressar, senão terá que encontrar outra carona também).

por exemplo, para fazer algo:

> Você foi solicitado a ler o romance de 400 páginas de seu colega de classe a tempo de comparecer a uma sessão de crítica na segunda-feira? Você sabe quanto tempo leva para ler 400 páginas? Se não, sugiro que se cronometre lendo as primeiras 20 páginas para que possa fazer uma estimativa antes de se comprometer com esse encontro de segunda-feira.
>
> O mesmo vale para saber quanto tempo você leva para tomar banho e fazer a barba, ou para secar o cabelo. Se não tem certeza, então apenas cronometre-se fazendo essas coisas durante uma semana, anote os dados, observe o padrão e pare de prometer a sua irmã que você estará "lá em 10 minutos" quando claramente levará "45".

Viu? Eu disse que era fácil. Quando você sabe quanto tempo leva para chegar a lugares e fazer coisas, pode **PLANEJAR DE ACORDO COM ISSO** — duas táticas pró-adulto pelo preço de uma!

E se a duração das atividades planejadas estiver fora do seu controle e for, portanto, desconhecida — como consultas médicas, cortes de cabelo ou compras com sua sogra — então consulte a primeira dica deste capítulo: **NÃO SE COMPROMETA DEMAIS e não planeje fazer *outras coisas* consecutivas.** Seu chefe não vai aceitar "fiquei preso no departamento de roupas casuais da Renner" como desculpa para faltar à reunião de marketing.

DICA PRÓ-ADULTO: Agora que é responsável por marcar os próprios cortes de cabelo, fisioterapia e reservas de jantar difíceis de conseguir, lembre-se de que você é apenas uma engrenagem em um ecossistema de agendamento massivo que não se importa se você "precisa disso para amanhã". Um pouco mais de antecedência nunca fez mal a ninguém. (E definitivamente não espere até o dia antes de sua especialista em sobrancelhas entrar em licença-maternidade para ligar pedindo um retoque. Ela só retornará daí a quatro ou seis meses.)

Planejar é legal, mas já tentou executar?

Isso nos leva a outra habilidade de gerenciamento de tempo: **priorização** — não do tipo "fazer escolhas com base em seus valores" que discutimos anteriormente; apenas do tipo padrão de "começar uma tarefa e permanecer nela". Eu disse que acabaríamos chegando a esse assunto. E, como o livro sobre isso já foi escrito, não vejo motivo para não citá-lo letra a letra.

Aqui está uma das minhas ferramentas mais populares do *Get Your Shit Together,* o Método "Must-Do" ["Apenas Faça", em tradução livre]:

O MÉTODO "MUST-DO"

1. FAÇA UMA LISTA DE TAREFAS
2. PRIORIZE OS ITENS COM BASE NA URGÊNCIA
3. COLOQUE AQUELES QUE PRECISAM SER FEITOS HOJE COMO ALGO OBRIGATÓRIO
4. FAÇA ESSAS COISAS E DEIXE O RESTO PARA AMANHÃ
5. REPITA OS PASSOS 1-4

O Método é uma dádiva para qualquer Adulto em Teoria que, mais uma vez, não seja tão preguiçoso quanto um Bebezão, mas que possa estar sobrecarregado por sua lista de afazeres e/ou não sabe por onde começar. **Priorizar de acordo com a urgência elimina as suposições (e grande parte da ansiedade) do processo.**

De qualquer forma, eu originalmente criei esse método para ajudar as pessoas a começar a fazer as tarefas, mas agora me ocorre que, com um pequeno ajuste, ele seria igualmente útil para o **tipo de reorganização que você talvez precise fazer para continuar *focado* na tarefa**. Porque mesmo os planos mais bem elaborados podem encontrar obstáculos, e um Adulto de Verdade sabe como se adaptar.

Vamos ver a **versão 2.0 desse método** em ação:

O MÉTODO "MUST-DO" 2.0

PARA SEGUIR EM FRENTE COM A TAREFA EM MEIO AO CAOS

1. VEJA SUA LISTA DE OBRIGAÇÕES
2. REPRIORIZE OS ITENS MAIS URGENTES
3. COLOQUE NO TOPO DA LISTA AQUILO QUE PRECISA SER FEITO AGORA
4. FAÇA ESSAS COISAS E REORGANIZE/ ADMINISTRE AS EXPECTATIVAS PARA O RESTO
5. REPITA OS PASSOS 1-4

Imagine que você trabalha em uma gráfica e prometeu entregar os uniformes de beisebol dos Joplin Jackrabbits prontos para serem retirados pelo treinador Malone na segunda-feira de manhã. Você planejou com antecedência e se deu tempo suficiente para concluir a tarefa. Na verdade, tudo estava embalado e organizado na sexta-feira antes de sair do trabalho... mas nunca, em um milhão de anos, você poderia ter *previsto* o cano estourado durante o final de semana que acabou encharcando todos os uniformes e ainda o início do pedido das camisetas personalizadas para o fim de semana de despedida de solteira de Barbara, que você já tinha se planejado para entregar na quarta-feira. *Meeeerda.*

Então, agora você tem uma inundação para limpar e dois clientes contando com você no curto prazo, um dos quais vai entrar pela porta a qualquer momento. Os filhos do treinador precisam de seus uniformes para enfrentar os Moberly Mountain Lions amanhã à tarde (um time temido), e, neste momento, as camisetas deles estão mofando em seu estoque.

Se você quiser que o treinador saia da sua gráfica feliz e que sua classificação no Yelp fique intacta, **você terá que [re]priorizar.**

Parece que a tarefa de segunda-feira acaba de mudar de "terminar calmamente de dar os retoques finais nas camisetas de despedida de solteira" para "lavar/secar/passar dezoito uniformes que *você* entregará na sede dos Jackrabbits logo na terça-feira de manhã". (Enquanto as camisetas estão na secadora, você pode lidar com as poças no chão, jogar fora qualquer material irrecuperável e fazer uma lista de compras para o novo estoque.)

E embora tudo isso vá consumir uma grande parte do tempo que você tão responsavelmente reservou para terminar o pedido das camisetas da Barbs, ainda é possível fazê-lo, se remarcar a ligação com aquele novo fornecedor potencial de tinta (baixa prioridade) e cancelar o almoço de terça-feira com seu amigo Glenn (que não é prioridade nenhuma).

Pronto, fico feliz que isso esteja resolvido! E o que aprendemos com isso?

Se planejar com antecedência e entender como o tempo funciona ajuda você a se organizar, **a priorização o ajuda a se manter organizado**. E tudo isso faz de você o ADV TC em situações que levariam seus colegas Adultos em Teoria a cair aos prantos. Bela jogada.

Mas há mais uma coisa...

Faça seu dever de casa

O dever de casa costumava envolver sentar em seu quarto e estudar para uma prova, ir à biblioteca para pesquisar um trabalho acadêmico ou forçar sua irmã a ouvir você ensaiar seu relatório sobre *O Grande Gatsby* enquanto ela estava no chuveiro. E havia uma possibilidade relativamente pequena de resultados: caso se saísse bem na tarefa, ótimo, recebia pontos e seguia com a vida; e, caso *não* se saísse bem, a única pessoa afetada era você (ou seja, suas notas e a probabilidade de ser punido por causa delas).

Mas, como adulto, você vai ter e estudar, pesquisar e ensaiar muitas outras coisas — **e muito mais pessoas dependerão da sua preparação**. É uma grande responsabilidade, e os Adultos de Verdade levam isso a sério, em parte porque eles gostam quando outras pessoas fazem o mesmo.

Por exemplo, lembre-se de como *você* estava dependendo do seu amigo Randy para cuidar das reservas de hotel na sua última viagem com os amigos, e tudo deu errado porque o Espertão simplesmente levou todo mundo para o primeiro lugar que encontrou no Google sem ter lido nenhuma das críticas impiedosas que o teriam alertado para evitar completamente aquele lugar terrível com apenas uma estrela de classificação?

Pois é. Não seja como o Randy.

Um Bebezão ignora fatos e procura atalhos, prejudicando a si mesmo e a todos os outros. Um Adulto em Teoria é, de modo geral, mais responsável, mas também mais propenso a ficar satisfeito com meias soluções. Isso até é aceitável se você estiver apenas tentando sobreviver à aula de literatura norte-americana do nono ano com uma compreensão vaga de Nick Carraway e companhia, mas não funciona quando o desempenho, o conforto ou as necessidades de outras pessoas estão em jogo.

Cinco formas de fazer seu dever de casa

- Leia a letra miúda
- Ligue com antecedência e faça perguntas
- Aprenda os nomes das pessoas que estarão na reunião
- Pratique suas falas
- Descubra antecipadamente se o local só aceita dinheiro

Em vez disso, **concentre-se, faça o seu trabalho de casa e esteja preparado.** Seja o ADV que faz, e bem, a sua parte, quer se trate de encontrar o hotel com a melhor tarifa de grupo (E AVALIAÇÃO, RANDY) para a próxima viagem com os amigos, ou uma sala de conferências no edifício do seu escritório que impressionará potenciais clientes com o seu Wi-Fi estável, cadeiras confortáveis *e* uma vista espetacular. Você se beneficiará disso — e todos os outros também.

E francamente, mesmo quando está em uma missão solo, um Adulto de Verdade sabe que **trocar um pouco mais de prepara-**

ção no início por melhores resultados no final traz benefícios significativamente maiores para *sua* vida.

Quer dizer, se você vai se dar ao trabalho de assumir uma responsabilidade adulta, como, por exemplo, comprar um novo ar-condicionado, por que *não* faria o seu dever de casa para garantir que está obtendo o melhor pelo preço que pode pagar? Colocar esforço agora resulta não apenas em uma condição de sono mais agradável no verão, mas também na probabilidade de que sua Grande Compra Adulta dure mais tempo e funcione melhor do que se você simplesmente aparecesse na Fast Shop com os olhos vendados e um dardo.

(O que, provavelmente, não é uma boa ideia por uma série de razões.)

Eu costumava zombar da devoção do meu pai à *Consumer Reports*, mas é sério: toda vez que ele queria comprar um carro, uma TV ou um cortador de grama, estudava todos os fatos, números e análises relevantes e **tomava uma decisão informada que o recompensaria com a troca mais benéfica de dinheiro por mercadorias.**

Hoje em dia, você pode apenas "acessar o Bondfaro" em vez de "estocar pilhas de edições antigas de revistas impressas só no caso de elas serem úteis", mas a ideia é a mesma.

Ah, e enquanto estiver fazendo isso, não se esqueça de comparar as garantias! Uma garantia favorável pode economizar dinheiro e muita dor de cabeça no futuro, e é algo que traz recompensa *e* alívio em dobro.

E uma última palavra sobre todas essas aquisições pelas quais você se empenhou em adquirir: quando tem coisas boas que comprou e pagou com o próprio dinheiro, a responsabilidade de *mantê-las* bem conservadas também é sua.

Formas de crescer e aparecer incluem: fazer manutenção regular em coisas como carros, guitarras e as peças do ar-condicionado mencionado anteriormente; limpar suas joias; trocar as almofadas do sofá e, em vez de se sacrificar para comprar outro par de calçados, tente primeiro levar seus favoritos ao sapateiro. Com três viagens de US$20 ao sapateiro, consegui mais dez anos de uso com o único par de botas de couro preto que já usei nas minhas panturrilhas. *Ponto.*

DICA PRÓ-ADULTO: Pare para considerar a proximidade dos prováveis fins de semana com promoção. Se você estiver disposto a suportar algumas noites abafadas no verão, então aguardar o momento certo para comprar aquele ar-condicionado e aproveitar o código de desconto de 40% no Natal é uma Jogada Totalmente Adulta.

Certo, jovem, estamos avançando e requebrando. Há apenas mais um tópico de negócios responsáveis aqui na parte III, que é o **DINHEIRO, QUERIDO.**

Se você ficou um pouco mais ansioso em relação a esse assunto, saiba que não está sozinho. Sua relação com o Dólar/Libra/Euro/Rublo/Etc. pode ser às vezes tão desconfortável de abordar quanto hemorroidas e tão complicada de lidar quanto equilibrar sua química cerebral, mas a boa notícia é: **tudo o que realmente precisa saber sobre manter sua saúde *financeira*...**

Você já aprendeu.

Dinheiro não dá em árvore

Uma coisa com a qual meus entrevistados de todas as idades concordaram é que se sentem **terrivelmente despreparados para "lidar com coisas relacionadas a dinheiro" na vida adulta**. Isso faz total sentido, dado que ganhar um salário decente é difícil, assim como poupar para a aposentadoria (também conhecida como os anos em que você adoraria não *ter que* trabalhar) é complicado, bem como conciliar "as necessidades básicas" com "os maiores aumentos no aluguel da era moderna".

Ah, isso além do fato de que o **capitalismo é a desgraça da Terra.**

Infelizmente, não há muito que eu possa fazer sobre nada disso, o que explica em parte por que a Tia Sarah deixou esse tópico para o final da Parte III.

Mas também confesso que a ideia de dar dicas sobre dinheiro me deixa desconfortável. Eu não sou economista (nem particularmente boa em matemática, para ser sincera) e só tenho minha experiência para compartilhar, que é essencialmente um recorte da "classe média em ascensão impulsionada pelo acesso ao ensino superior, entre outras coisas". E sei que nem todo mundo tem uma rede de apoio sólida e que nem todos têm as mesmas oportunidades que eu tive, por razões que vão desde a pobreza geracional até o racismo sistêmico, azar e muito mais. Portanto, tomo cuidado para não me tornar a tia que representa as elites desconectadas, cujos privilégios acumulados e acesso ilimitado a torradas com abacate até agora as protegeram das piores calamidades financeiras que a vida tem a oferecer.

Dito isso, também seria muito *irresponsável* da minha parte ignorar um elemento bastante essencial do mundo adulto só porque ele me faz repensar meu privilégio, certo?

Então, o que eu gostaria de fazer aqui — em vez de dar dicas de investimento ou agir como se tivesse alguma ideia do que é uma taxa de juros — é mostrar como "lidar com questões financeiras" **depende das mesmas habilidades e qualidades que já discutimos** em relação a "lidar com" o resto da sua vida adulta. Por exemplo:

Pensamento crítico? *Confere.*

Priorização? *Confere.*

Confiabilidade? *CONFERE TRÊS VEZES.*

Se você conseguir se concentrar em aplicar essas e outras ações e comportamentos adultos para fortalecer os altos e superar os baixos de sua vida financeira, então **não importa quanto material bruto tem para trabalhar, você saberá que está fazendo o melhor que PODE com o que TEM.** E isso é ser um ADV.

Vamos começar com o **ORÇAMENTO**, um recurso básico para adultos.

Quando eu tinha 10 anos, meus pais começaram a me dar uma pequena mesada. Eles eram professores de escola pública, então não éramos ricos. Estou falando de cerca de US$2 por semana, com um "aumento" a cada ano. Cabia a mim gastá-la assim que recebesse, comprando coisas como pacotes de figurinha e elásticos de cabelo neon, ou economizar o equivalente a alguns meses para comprar o último livro do *Clube das Babás* ou uma camiseta da moda da marca Vuarnet.

A palavra-chave aqui é "ou". Eu teria que me fazer perguntas como:

Quanto custa X, Y e Z em comparação com o quanto tenho para gastar?

Quais dessas coisas eu quero mais?

Preciso mesmo de outro elástico de cabelo?

Et voilà! Pensamento crítico e priorização em ação.

Claro, naquela época eu era uma aluna do ensino médio cujas necessidades básicas ainda estavam sendo atendidas por meus pais. Não era como se estivesse escolhendo entre elásticos de cabelo e aluguel ou mantimentos. Mas, graças à disposição e à capacidade deles em me proporcionar uma educação precoce quanto à independência financeira, pude levar essa experiência juvenil de orçamento para a minha vida adulta e usá-la quando me *tornei* responsável por minhas próprias necessidades e *tive* que pagar pelo meu miojo. E eu ainda faço uso disso hoje, mesmo que minhas necessidades e meios tenham mudado muito ao longo do tempo.

A questão é que, seja qual for o tamanho ou os limites do seu orçamento, um orçamento é um orçamento. Todas essas estratégias para adultos que tenho pregado vão ajudá-lo a estabelecer um orçamento e segui-lo — e, se necessário, encontrar maneiras criativas de trabalhar da melhor forma possível dentro dele.

Nesse sentido, se você estiver na difícil situação de ter que esticar sua renda até o último centavo no último dia do mês, **a priorização é sua amiga.** E, às vezes, pode ficar um pouco complicado, mas fazemos o que precisamos fazer. Quando me mudei para Nova York nos meus 20 anos, para manter *a maioria* das minhas contas em dia, às vezes eu tinha que adiar o pagamento de uma delas; então, para reduzir os danos ao máximo, escolhia aquela com a menor multa por atraso para arrastar até a pilha do próximo mês. Também posso ter pré-datado alguns cheques e esperado que tudo desse certo.*

Nesse tipo de situação, também precisamos **ser mais engenhosos com nossos recursos** — comparando preços de marcas mais baratas, procurando cupons e/ou esperando por ofertas. Ou usando recursos não monetários — ou seja, nosso tempo e energia — para buscar maneiras complementares de equilibrar as contas. Da minha parte, para complementar meu modesto salá-

---

* Para qualquer pessoa com menos de trinta anos lendo isso, "cheques" são pedaços de papel que seus pais costumavam enviar pelo correio para pagar suas contas nos velhos tempos. Um ótimo sistema.

rio inicial na área editorial, trabalhei em um teatro da Broadway algumas noites por semana no início dos anos 2000. (Foi assim que conheci a Cher, então acho que não foi tão ruim.) E, mesmo depois de ter um salário um pouco mais robusto, ocasionalmente tive que assumir clientes editoriais como freelancer para equilibrar as contas — especialmente quando enfrentava despesas igualmente substanciais da vida adulta, como um casamento e uma lua de mel.

Mais uma vez, tive a sorte de ter essas opções, embora, para FICAR CLARO, também odeio o fato de que *qualquer* um de nós tenha de considerar a possibilidade de ter múltiplos empregos ou trabalhar horas extras apenas para sobreviver ou ter coisas boas — especialmente sob circunstâncias muito mais brutais do que coletar ingressos em uma fileira VIP ou revisar manuscritos até meia-noite no fim de semana.

Eu disse isso antes e vou dizer novamente: o capitalismo = a desgraça da Terra. **Mas, pelo menos, com suas habilidades de ADV em pleno funcionamento, você estará mais preparado para lidar com ele, e isso vale alguma coisa.**

DICA PRÓ-ADULTO: Não importa o que você servir em seu jantar econômico, se quebrar uma barra de chocolate chique em pedaços e polvilhá-la com sal marinho para a sobremesa, você se torna 50% mais sofisticado.

Agora, vamos imaginar que você tenha um pouco mais de espaço no seu orçamento. Talvez o suficiente para pensar em **POUPAR?**

Isso vai adicionar um pouco de **autocontrole** à mistura, além de um encontro com **nossos velhos amigos, os hábitos e incentivos.** Por exemplo, aos 15 anos, eu tinha arranjado um emprego de verão. Isso significava que eu podia lidar com orçamentos de curto prazo para coisas como elásticos de cabelo e pizza no shopping, mas também pensar em metas de poupança em longo prazo, como participar de um programa de intercâmbio estudantil para a França, o que eu queria muito e para o qual teria que pagar a passagem de avião.

Felizmente, meu pai já havia estabelecido uma rígida **política de "um terço, dois terços"** com relação ao meu pagamento de garçonete. Ou seja, um terço na poupança, dois terços na minha carteira — um hábito imposto, mas ainda assim um **hábito** de separar regularmente uma parte da minha renda. E a perspectiva de comer baguetes em Bordeaux na primavera seguinte **fornecia um forte incentivo** para aumentar ainda mais essas economias, adicionando o conteúdo do meu pote de gorjetas noturnas ao Fundo França.

Se você não pode guardar um terço do seu orçamento total no banco, isso é totalmente compreensível. E, se não *quer* se comprometer com um valor tão alto, tudo bem também. Eu não vou contar para o meu pai.

Mas, se você *puder* e estiver motivado para *reservar* algo, então **criar um hábito pode tornar todo o processo** — segura — **MAIS FÁCIL e MAIS AGRADÁVEL!** Pode levar a algum esforço para começar, mas se lembre do que conversamos na primeira parte: com repetição dedicada, implementar um hábito o transforma em "apenas uma coisa que você faz".

Isso ajuda! E também pode levá-lo de volta à **priorização**...

E se você quiser reservar algum dinheiro para uma meta — seja para "ostentar" ou apenas "economizar para momentos ruins" —, mas não tem uma quantia extra facilmente identificável para alocar?

Nesse caso, terá que dar outra olhada em seu orçamento e decidir se há **algo de que você quer/consegue abrir mão em prol de seu objetivo maior.**

E antes que alguém pegue os tridentes, estou bem ciente de que todos nós estamos tentando existir em um sistema que tem tornado cada vez mais difícil para jovens (ou qualquer pessoa) acumular riqueza e NÃO ESTOU DE MODO ALGUM dizendo que a liberdade financeira ampla deriva de abrir mão de uma torrada com abacate ou de um café *latte* chique três vezes por semana. Apenas que, se seu orçamento atual inclui US$20 por mês para um plano *premium* do Netflix que você quer, mas que tecnicamente não é necessário, você *poderia* decidir cancelá-lo em favor de economizar para algo que deseja *mais*.

Você é o adulto aqui, então cabe a você decidir.

Quando os impostos atacam!

O antigo plano de economizar "um terço, dois terços" também se revelou uma estratégia útil quando me tornei freelancer na casa dos 40 e tive que lidar com a retenção de impostos, também conhecida como a parte de aproximadamente 33% de sua renda que o governo dos EUA virá cobrar até você morrer ou renunciar à sua cidadania. (Talvez continuem cobrando mesmo assim, quem sabe!) Se vocês não seguir nenhum outro conselho deste capítulo — não, deste livro inteiro —, sigam este, pessoal: NÃO DESCUIDE DA SUA DECLARAÇÃO. Se o seu empregador não separa automaticamente parte do seu salário para seus amigos na Receita Federal, então eduque-se sobre sua faixa de imposto e guarde esse dinheiro para o próximo dia 15 de abril. Estimar os pagamentos trimestrais é um trabalho tedioso, mas eu conheço pessoas que negligenciaram seus impostos, e digamos apenas que essa é uma lição sobre ser responsável por suas ações que você não vai querer aprender da maneira mais difícil.

Finalmente, com o orçamento e a economia bem encaminhados, um dia o seu bom trabalho de adulto (e talvez também o seu privilégio inerente) possa **desbloquear um nível completamente novo de DIVERSÃO FINANCEIRA ADULTA, como por exemplo**:

Fundos de aposentadoria!

Investimentos!

Financiamento imobiliário!

Refinanciar seu financiamento imobiliário com uma taxa mais baixa — ou talvez nem se preocupar, já que o mundo provavelmente vai acabar antes dos 30 anos das suas parcelas terminarem!

E cada um desses empreendimentos **testará sua capacidade de fazer seu dever de casa e ser engenhoso** — por exemplo, estudar as taxas de juros e os preços das ações, ou pesquisar os tipos de pessoas que você poderia pagar para fazer isso no seu lugar. (O que adicionará outro item à lista de despesas, então tenha isso em mente.)

Além disso, aventurar-se em qualquer transação financeira complicada exigirá que você seja capaz de **interagir de maneira madura, educada e respeitosa** com banqueiros, advogados, corretores e *todos* os seus assistentes. (Você não quer irritar as pessoas responsáveis por copiar enviar seus documentos no prazo.)

Ah, e isso me lembra de uma coisa — fique de olho em uma **dica na Parte IV chamada "verifique seu trabalho".** Não há momento melhor para fazer isso do que quando você está preenchendo um pacote de conselho de cooperativa na esperança de conseguir o apartamento dos seus sonhos em um mercado competitivo. Eu já conheci presidentes de conselhos de cooperativas, e eles NÃO BRINCAM EM SERVIÇO.

É basicamente isso, meus amores. Existe um milhão de cenários e estratégias de economia e dicas de ações que eu ou qualquer pessoa poderia oferecer — algumas delas são valiosas, enquanto outras são inúteis. No entanto, esteja você ganhando um salário mínimo ou milionário, são aqueles maiores sucessos do VSCP que vão servir melhor a você, todas as vezes.

Ainda bem que você já passou umas boas centenas de páginas se familiarizando com esses princípios.

E agora está na reta final. Como você se sente? Doido pra sair por aí e se comportar como um adulto, eu espero! Ou pelo menos se sente bem? (Eu aceitaria um "me sinto bem".)

De qualquer forma, você fez um ótimo trabalho até aqui, e agora é **hora de terminar o resto das suas tarefas para que possa sair e se divertir.**

RESPONSABILIZAÇÃO, aqui vamos nós.

IV

DESCULPE, ERRO MEU:

Assumindo seus erros e agindo para consertá-los

Aqui na Parte IV, todos vocês, galinhas maduras e responsáveis, voltarão para o poleiro. Vão praticar **viver com as Consequências de todas essas Ações e "Bons" Comportamentos e se responsabilizar por isso**, não importa qual seja o resultado. Caramba, vocês estão mandando muito bem.

Na primeira metade, na seção "**ASSUMIR A RESPONSABILIDADE**", vocês terão a chance de demonstrar como se tornaram autoconscientes, honestos e educados. Começando com **"Vamos lá, não fique assim"**, usaremos suas habilidades amadurecidas de enfrentamento e comunicação para ajudá-lo a **lidar com críticas construtivas de forma tranquila.** Depois, em **"Quem deixou o cachorro sair?"**, vocês farão o exercício de **assumir a culpa** e **reduzir as desculpas** (sejam elas quais forem). E, em **"Peça desculpas à sua irmã!"**, vamos **aprender**, como pessoas maduras que somos, **a *pedir desculpas* sinceras.**

A segunda metade trata de "**AGIR**", começando com um dos capítulos favoritos da Tia Sarah, "**Vá limpar seu quarto**". Aqui, faremos uso das lições anteriores sobre autossuficiência e engenhosidade para ajudá-lo, **literal *e* figurativamente, a limpar sua bagunça.** Depois disso, você voltará para o Ciclo PCE para se divertir um pouco mais com o pensamento crítico. Em **"Você aprendeu sua lição?"**, vou lhe apresentar uma estratégia super responsável para **não errar** em primeiro lugar; mas, se isso acontecer de qualquer forma, vou lhe mostrar como realizar um **ABC Reverso** para descobrir onde você errou ao longo do caminho... para que nunca o cometa *novamente*.

Está quase na hora de ligar a plastificadora, pessoal. Vocês estão *b-e-m* perto de se qualificar para receber o carteirinha de ADV, **tornarem-se adultos de verdade E serem tratados como tal.** Não sei quanto a vocês, mas acabei de ter ficar arrepiada. Vamos nessa!

Assumir a responsabilidade

Fato curioso: ninguém é perfeito. Mesmo aqueles que escrevem ou seguem os ensinamentos de um livro extraordinariamente sábio e prático sobre a vida adulta ainda vão errar de vez em quando. Isso não é um grande problema; o problema é quando não conseguimos *assumir a responsabilidade* por eles, é aí que corremos o risco de regredir para a Zona dos BBZ. E eu digo isso com carinho, como alguém que teve que trabalhar mais no quesito responsabilização do que em todas as outras coisas da vida adulta juntas. Enfrentar suas falhas, assumir seus erros e pedir desculpas por ter julgado errado ou se comportado mal? Isso é coisa de outro nível. Mas a boa notícia é que, se a Tia Sarah pode aprender a lidar com críticas, admitir quando está errada e pedir desculpas, então você também pode.

Vamos lá, não fique assim

Na Parte II, falamos sobre **manter o autocontrole e comunicar de forma clara e produtiva quando alguém age de forma injusta com você.** Está bravo, parceiro? Faça uma pausa, respire fundo, adote uma Pose de Poder, escolha cuidadosamente suas palavras e as fale de maneira coerente. É assim que você responsabiliza *os outros* pelas ações e comportamento *deles*, sendo a pessoa que se mantém calma, equilibrada, articulada e respeitosa.

Agora é hora de ***você* assumir a responsabilidade** por seus atos. E isso pode ser um pouco mais difícil, então pensei em iniciá-lo no passatempo favorito de todo mundo: **aceitar críticas construtivas sem ficar na defensiva.**

(Brincadeira, todos sabemos que o passatempo favorito de todo mundo é assistir ao clipe de "Envolver" repetidamente.)

A questão é a seguinte: Haverá muitos momentos na vida em que alguém lhe oferecerá um feedback genuíno, e não um ataque do tipo "você deveria ficar bravo, parceiro". A pessoa está apenas sugerindo que você poderia ter feito algo de maneira diferente e obtido um resultado melhor. Pode ser que sim. *Talveeeez.* **E essa sugestão pode não agradar, mas isso não faz dela um crime de guerra.**

O verdadeiro teste da sua competência na vida adulta trata de como você **REAGE** e **RESPONDE**.

Os BBZ tendem a se fechar na defensiva, enquanto um ADV aceita que pode haver algo de válido na crítica e a recebe com a mesma boa vontade com a qual foi feita. Por exemplo:

- **Você faz sua fala inicial no torneio de debates, e seu treinador menciona que você teria passado uma sensação maior de autoridade se não ficasse olhando para baixo, lendo suas anotações.**

Um Bebezão reagiria de forma defensiva por meio da negação: "Ele não sabe do que está falando. Eu nunca olho para as minhas anotações!"

Um Adulto de Verdade agradece e leva *essa* observação em consideração.

- **Você idealiza uma despedida de solteira perfeita em South Beach para sua melhor amiga, e, quando lhe entrega o itinerário, ela pondera em voz alta se seria mais divertido substituir o stand up paddle por uma passada na boate?**

Um BBZ faria um bico passivo-agressivo e diria: "Bem, eu pensei em tudo isso com muito cuidado, mas, sim, acho que se você quiser fazer algo *comum...*").

Um ADV vira o disco e diz: "Parece ótimo, vou olhar o preço da rolha e te retorno!"

- **Seu chefe acha que o primeiro rascunho da sua proposta é ótimo, mas tem algumas sugestões para tornar seu plano mais econômico no longo prazo.**

Um Bebezão fica na defensiva, indignado e se recusa, de maneira autodestrutiva, a fazer qualquer alteração.

Um Adulto de Verdade leva esse feedback para sua mesa de trabalho e tenta implementá-lo.

- **Seu parceiro tem uma ideia: e se vocês tentassem algo novo para dar uma esquentada nas coisas?**

Um Bebezão ficaria todo magoado ("Nossa, esse tempo todo tenho sido péssimo na cama, e você nunca me disse nada? Me sinto um fracassado"), ou pior, agiria como um idiota ("Não sei, acho que o problema pode ser você").

Um Adulto de Verdade está disposto a ouvir *e* seguir orientações.

Adultos em Teoria estão em algum lugar no meio do caminho, mas, às vezes, aproximam-se mais da Zona dos BBZ do que provavelmente gostariam de admitir. E eu entendo. **Até mesmo a crítica mais construtiva e bem-intencionada pode fazer você se sentir como se não fosse bom o suficiente, e *isso* não é uma sensação boa de forma alguma.**

Não posso mudar como você se sente, então o que eu gostaria de fazer é ajudá-lo a *lidar* com seus sentimentos da maneira mais adulta possível — em vez de, por exemplo, entrar em guerra com um supervisor cujo trabalho é supervisioná-lo, ou realizar um espetáculo contraproducente de autocomiseração quando seu parceiro sugere que sua técnica poderia ser aprimorada.

Com esse objetivo em mente, aqui vão **três dicas para desarmar seus mecanismos de defesa** para que você possa primeiro **REAGIR** e depois **RESPONDER** como um Adulto de Verdade:

Escute a crítica sem criticar

Antes de decidir se concorda com a crítica — encaremos a realidade, as regras de "ficar na defensiva" ditam que você quase certamente não concordará, pelo menos não imediatamente —, o melhor primeiro passo é absorver tudo sem interromper, chorar ou remover seus brincos dramaticamente. Esta é uma excelente oportunidade para revisitar sua lição inicial sobre ter modos e simplesmente calar a boca e *escutar.*

Vocês estão juntos nessa

Ambas as partes, no fim das contas, querem a mesma coisa — seja uma grande vitória, uma noite incrível, lucros máximos ou uma satisfação mútua assegurada. Se você mantiver em mente que seu desempenho (risos) e o da outra pessoa estão interligados, pode encarar a crítica dela de forma menos pessoal e abordá-la de maneira mais produtiva. Lembre-se: Se você pode sonhar, pode trabalhar em equipe! Ou algo assim.

Duas coisas podem ser verdade AO MESMO TEMPO

Este é um mantra maravilhoso que é especialmente útil para receber críticas de maneira eficaz. Por exemplo: a temperatura no quarto pode estar muito fria para você E muito quente para o seu parceiro; você pode estar completamente de saco cheio da vida E ainda assim haver uma pandemia devastadora; você pode estar se saindo bem E ainda ter espaço para melhorias. Levar em conta esse último ponto irá ajudá-lo a passar de "Que se dane" para "Vamos lá!" (enquanto secretamente você aumenta a temperatura do ar-condicionado).

DICA PRÓ-ADULTO: Sobre o tema de duas coisas serem verdadeiras ao mesmo tempo, você pode *pensar* que sabe exatamente aonde está indo e também estar *muito, muito errado.* Apenas. Pelo. Amor. De. Deus. Pare. Para. Perguntar.

Depois de dar uma pausa para gerenciar sua **reação**, você pode prosseguir, absorvendo tudo, e desenvolver uma **resposta** apropriada como um adulto de verdade. Você tem algumas opções:

Se precisa admitir que a crítica às suas ações e/ou comportamento procede, pode dizer: "Nossa, como você está certo. Obrigado!" e parte para fazer melhorias. Olhe para você! Tão adulto, tão responsável.

Se está neutro em relação à sugestão em questão, substitua, acima, o "Como você está certo" por "Vou dar mais uma olhada nisso" e veja o que acontece. Dar a devida consideração à opinião de outra pessoa não lhe fará mal, e simplesmente aparentar considerá-la pode *ajudar* bastante — especialmente quando a situação envolve "agradar alguém que assina sua folha de pagamento" ou "não irritar alguém que compartilha a cama com você".

Se, depois de ter ouvido sem criticar e ponderado cuidadosamente, ainda acreditar que seu caminho é o certo a percorrer, então isso é sua prerrogativa, mas não há necessidade de reagir de forma exagerada como uma criança de 4 anos que foi informada de que sua roupa de baixo da Mulher-Maravilha talvez não seja apropriada para a sessão de fotos da família no cartão de Natal. Uma resposta articulada e respeitosa é o cartão de visitas de um Adulto de Verdade.

- **Para seu treinador:** "Eu entendo o que você está dizendo, mas, conhecendo como minha cabeça funciona, acho que seria pior para mim se eu tentasse me afastar completamente das anotações. Sinto que preciso mantê-las à mão."
- **Para a noiva:** Sabe de uma coisa? Faça o que ela quiser. É o casamento dela.
- **Para o seu chefe:** "Eu agradeço de verdade o feedback. Recalculando os números, eu realmente acredito que tenho a melhor margem de lucro possível. Gostaria de apresentar a proposta dessa forma, e assumirei total responsabilidade, se o cliente discordar."
- **Para seu parceiro de cama:** "Não me sinto confortável com isso. Mas podemos pensar em algo que *ambos* gostaríamos de fazer."

Seguir sua intuição pode ser um comportamento maduro por si só — você possui autoconsciência, pensamento crítico, capacidade de tomar decisões e tudo mais —, mas se lembre do seguinte: caso você fale, precisa **se comprometer a colocar suas palavras em prática e *se* responsabilizar,** não importa como as coisas se desenrolem. Caso o cliente discorde ou seu parceiro se afaste, você terá que assumir as consequências.

(E, caso, no fim das contas, você estivesse certo o tempo todo, vou adverti-lo para não se vangloriar. Ninguém gosta *ou* respeita alguém que não leva as coisas na esportiva.)

Isso foi apenas um aperitivo para aceitar críticas, mesmo que você não tenha feito nada de errado, *propriamente dito*. Experimente, veja como se sente. E depois, prepare-se para o prato principal: **admitir quando você *definitivamente* errou — e sem inventar desculpas.**

Quem deixou o cachorro sair?

Neste capítulo, estamos supondo que foi você. Foi você que o deixou sair. E sua única responsabilidade de adulto aqui é levantar a mão, aceitar seu puxão de orelha e seguir em frente.

Todos nós estamos destinados a cometer erros inegáveis de vez em quando — como quando você contrariou seus colegas de equipe e perdeu o campeonato de quiz no bar porque você ESTAVA TÃO CERTO de que *Corra!* havia vencido o Oscar de Melhor Filme em 2017.* Não é uma "crítica construtiva" quando o apresentador do quiz lê *A Forma da Água* no cartão. São apenas fatos. E deve ser fácil o suficiente (embora um pouco constrangedor) admitir sua falha, aceitar um pouco de brincadeira bem-humorada de seus amigos e seguir em frente.

Então, por que é que uma queixa recorrente entre meus entrevistados era sobre **"pessoas que sempre arrumam desculpas em vez de apenas admitir seus erros"?** Isso foi mencionado várias vezes, o que sugere que muitos de nós têm a tendência de buscar explicações fracas — ou pior, mentiras desonestas — para nos proteger quando pisamos feio na bola.

Mais uma vez, eu entendo o impulso. Acredito que confessei na página 27 deste mesmo livro que tenho dificuldade em admitir minhas falhas. Suspeito que isso se deve ao fato de que, durante praticamente toda a minha infância, eu baseava meu senso de autovalor em ser a Pequena Miss Sabe-Tudo/queridinha do professor — a ponto de **estar errada sobre *qualquer coisa* parecer um fracasso existencial.**

Bons tempos.

De qualquer forma, vamos lidar primeiro com as "mentiras desonestas". Isso é fácil de resolver. **Se você errou, a culpa definitivamente foi toda sua, e todos sabem disso,** então sua melhor

* Provavelmente porque *deveria* ter vencido.

chance de redenção é admitir como um Adulto de Verdade em vez de tentar escapar como um Bebezão. A saber:

MENTIRA, MENTIRA

O QUE VOCÊ FEZ DE ERRADO	NÃO DIGA	DIGA
Esqueceu o aniversário da sua mãe	"Eu te liguei duas vezes, e você não atendeu."	"Putz, esqueci completamente."
Saiu do trabalho mais cedo e foi pego	"Perguntei ao Bob se eu poderia sair."	"Poxa, me pegaram no flagra."
Não conseguiu entregar seu trabalho para a aula de filosofia	"Meu cachorro comeu meu dever de casa."	"Vou entregar amanhã, professor."

Pfff. Sua mãe pode ser velha, mas sabe como verificar o histórico de chamadas; Bob não estava trabalhando naquela noite; e seu cachorro nem gosta de Sócrates. Pare de MENTIR, seu mentiroso.

Agora, vamos entrar em um território um pouco mais cinzento, como quando algo sob sua responsabilidade dá errado, e você sabe que não deve mentir a respeito, mas ainda **não consegue admitir completamente que foi sua culpa e SE RESPONSABILIZAR plenamente pelo seu erro.**

Os **Mestres do Equívoco** *contornam* a verdade para evitar a autoincriminação. Mais uma vez, algo fácil de resolver:

MESTRES DO EQUÍVOCO

O QUE VOCÊ FEZ DE ERRADO	NÃO DIGA	DIGA
Atrasou o aluguel	"Não! Não é possível que já é dia 15, sério?"	"Estou fazendo um PIX agora mesmo."
Não fui à reunião	"Estranho. Não tenho certeza se recebi esse e-mail."	"Putz, sempre me esqueço de colocar isso na minha agenda."
Dirigindo a cerca de 120 km/h em uma zona de 90 km/h	"Não é o seu radar que está com problema?"	"Aqui está minha carteira de motorista e documento do carro, senhor. Não farei isso de novo."

E, finalmente, temos os **Fabricantes de Desculpas.** Eles não mentem, nem evitam a verdade do erro em si, mas sempre parecem ter um motivo para explicar por que as coisas não deram certo, o qual [eles acham que] *justifica* suas ações e comportamento.

Isso é a pior qualidade que uma pessoa poderia ter? Não. Mas é profundamente irritante para os outros e faz com que você pareça menos o Adulto de Verdade que sei que você pode ser. **E, se consegue admitir que tem esse mau hábito, então pode se comprometer a superá-lo.**

Como?

Quando você sentir vontade de oferecer uma explicação atenuante para o motivo da sua falha, pergunte-se:

***É um motivo* razoável?**

Porque muitas desculpas que não são totalmente mentira ainda não o *isentam* da culpa. Adultos de Verdade sabem que **explicação não é justificativa e, além disso, ninguém quer saber.**

Por exemplo: É *tecnicamente* verdade que uma virada inesperada do seu time de basquete favorito no último minuto fez com que, na noite passada, você chegasse em casa uma hora mais tarde do que havia previsto, e isso, de fato, impediu que terminasse a apresentação do cliente que deveria ser entregue nesta manhã? Claro, tudo bem.

Mas, se pressionado, você também admitiria que não deveria ter adiado esse prazo a ponto de uma hora fazer toda a diferença em sua capacidade de cumpri-lo? Sim, exatamente.

Quando seu motivo não é tão razoável, admitir e depois *se calar* — sem desculpas — é a melhor ação a tomar. Não é como se as pessoas fossem olhar com mais simpatia para um Adulto em Teoria cujo nível de produtividade depende da virada do Washington Wizards no quarto período do que para um Bebezão que pula direto para "Eu simplesmente não estava a fim".

Um motivo *razoável* é algo raro. E provavelmente ainda não "será desculpa" para seu comportamento, mas pode explicá-lo de uma maneira que o faça parecer um pouco menos idiota ou faça alguém se sentir um pouco melhor com a situação toda. Você terá que usar seu juízo. (Um juízo melhor do que aquele que você usou para se *colocar* nessa situação, é claro.)

Motivos irrazoáveis para o seu erro

Acidentalmente fiquei muito chapado

Não acredito em despertadores

Mercúrio está retrógrado

Parei para acariciar um gato

Por exemplo, se acabou de ser grosseiro com o atendente na Starbucks, e o "motivo" para o seu comportamento desagradável foi "Eu claramente pedi LEITE DE *AMÊNDOAS*", isso não é aceitável.

Mas, se perdeu a paciência porque sua mãe está no hospital e você está realmente preocupado com ela, não dorme há 36 horas e está no limite, isso é mais razoável, e, se quiser voltar lá dentro e oferecer essa explicação, que não é uma justificativa, como parte da sua penitência, a decisão é sua.

(De qualquer forma, deve pedir desculpas. Você ultrapassou os limites, seja qual for o motivo.)

Peça desculpas à sua irmã!

Devo começar dizendo que, se pedir desculpas é algo que você já faz bem, eu o saúdo, porque nem sempre é fácil admitir um erro. Fazer isso por si só é um trabalho *um tanto* complicado. Ainda assim, se alguém quer ser um Adulto de Verdade, precisa encontrar uma maneira de se apresentar e assumir a responsabilidade por suas ações e comportamentos. Ponto final. Não é à toa que isso se refere a 33,3% do MO do VSCP.

E acredite em mim, sei por uma extensa experiência pessoal que se humilhar diante daqueles que você prejudicou, desapontou ou irritou pode **causar ansiedade** e **constrangimento** e **fazer você se sentir inferior.** Mesmo que ser um adulto signifique aceitar que, às vezes, simplesmente *é necessário* fazer coisas que podem não parecer tão boas, esta é uma situação difícil, por mais que isso seja, sem dúvida, o correto a se fazer.

Hm. Eu me pergunto se teria algum jeito de transformar a coisa certa em algo, digamos, um pouco mais fácil de ser feito? Talvez um pouco mais agradável? Ou, sei lá, se pudesse haver algum alívio para você nisso?

Na verdade, acho que estou pensando em algo aqui...

E se acordasse amanhã e decidisse que pedir desculpas faria você se sentir *BEM*?

- **E se, em vez de sentir ansiedade, você se sentisse LIBERTADO?** Pedir desculpas é uma ótima maneira de colocar um fim no loop de feedbacks e se libertar da autocrítica negativa que provavelmente o manteria acordado à noite por muito mais tempo do que levaria para você dizer: "Desculpe. Pode me perdoar?"

- **E se você, em vez de se sentir envergonhado, sentisse que está FORTALECIDO?** Claro, você cometeu um erro, mas o que está feito está feito. É a sua chance de retomar o controle da narrativa e recomeçar.

- **E se, em vez de se sentir inferior por ter cometido um erro, você se sentisse como um GRANDE VENCEDOR por ser o tipo de pessoa que pode reconhecer que errou e pedir desculpas por isso?** Francamente, qualquer dia em que consiga fazer *isso* é um dia em que você, meu amigo, é o adulto mais adulto. Seja humilde e se orgulhe.

Se conseguir **mudar sua mentalidade** para pensar em pedir desculpas como uma atividade que faz você se sentir bem, isso, *além* de ser o certo, fica muito mais FÁCIL e AGRADÁVEL de realizar sempre que for necessário. (Pelo menos, é isso que funciona para mim — além do fato de que meu marido é incrivelmente bom nisso, e eu sempre fui motivada por um pouco de competição saudável.) E, ao contrário das crianças da pré-escola, dos adolescentes mal-humorados, de alguns Adultos em Teoria e de *todos* os Bebezões que vagam por aí, você nunca mais precisará ser orientado, instigado ou constrangido a pedir desculpas à sua irmã por ter cortado as mangas de seu vestido favorito e as usado como cama para seu coelho de estimação porque "O Sr. Pufinho gosta da sensação de veludo em sua barriga".

Um Adulto de Verdade sabe o que fez, por que não deveria ter feito isso e o que precisa dizer para começar a consertar as coisas.

Felizmente, uma vez que você tenha reunido a força de vontade de um adulto para dizê-las, elaborar as palavras em si não é tão difícil. A Tia Sarah está aqui para ajudar:

FORMA DE SE DESCULPAR	COMPLEMENTOS POSSÍVEIS
Desculpe.	Vou consertar isso.
Desculpe.	Prometo que não acontecerá novamente.
Desculpe.	O que posso fazer para compensar?
Desculpe.	Eu deveria ter escutado você.
Desculpe.	Você estava certo, eu estava errado.
Desculpe.	E, se vale de alguma coisa, o Sr. Pufinho também sente muito.

Depois de pegar o jeito da humilhação, você pode tentar elevar o nível, promovendo **atos de contrição após o acontecimento para aprimorar sua habilidade para atenuar a situação.** Assim:

> Quando seu vizinho liga para reclamar da sua música alta, um "Desculpe! Vamos abaixar o volume!" sincero pode reduzir seu ímpeto de raiva *antes* que ele decida chamar a polícia.
>
> Um "Eu sei, eu sei, eu errei" preventivo e sincero no meio de uma discussão pode suavizar o coração endurecido do seu parceiro *antes* que ele expulse você de casa. (Ou pelo menos antes que troquem as fechaduras.)
>
> Um bilhete de arrependimento rabiscado rapidamente e passado pela mesa até o seu chefe após você arruinar completamente aquela videoconferência pode diminuir a sua irritação *antes* que ele acabe explodindo por completo.

Estou dizendo, pessoal: entre no Modo Mea Culpa — quanto mais cedo, melhor — e nada irá deter vocês!

DICA PRÓ-ADULTO: Ao contrário do que Timbaland, artista vencedor de vários prêmios Grammy e cocriador da série de batalha virtual de DJs *Verzuz*, gostaria que você pensasse, nunca é tarde demais para se desculpar. Na verdade, finalmente soltar um "Foi mal" muito atrasado pode transformar completamente, reparar e ressuscitar relacionamentos e reputações. E ainda faz bem.

Resumindo: pedir desculpas — quando necessário — é algo muito adulto.

É a maturidade no seu auge.

É o ápice da responsabilidade.

E, além de todas essas boas sensações e melhores resultados que destaquei, um "sinto muito" rápido e sincero provavelmente lhe renderá a **compreensão** e talvez até o **perdão** daqueles que você magoou, decepcionou ou irritou — o que leva à maior recompensa de todas para quem já fez uma grande cagada:

Uma segunda chance.

Desculpe, não preciso me desculpar

Assim como saber quando e como se desculpar é muito importante para manter sua integridade e relacionamentos, é igualmente importante — para sua sanidade e autoestima — saber quando você *não* deve desculpas a ninguém. Ou seja, quando não fez nada de errado e não precisa se culpar ou aceitar que os outros o culpem! Meu método (do livro A *mágica transformadora do F** e destaque em minha palestra TEDx) prega que, desde que você se comporte honesta e educadamente em prol de manter seus limites e atender às suas necessidades, então não tem nada pelo que se desculpar. Lembre-se disso da próxima vez que alguém pegar no seu pé por não fazer algo que você já deixou bem claro educadamente que NÃO TINHA INTENÇÃO DE FAZER. Caramba.

E agora eu tenho um segredo: Na minha opinião, você, meu pequeno e valente adultinho, acabou de passar pela parte mais difícil do percurso até a maturidade. Sério, se a primeira metade da parte IV foi o decatlo olímpico, a segunda metade é como uma pelada descontraída em um dia ensolarado.

Assumir a responsabilidade pode ser complicado e emocionalmente desgastante. Agir é apenas uma questão de detalhes. E, uma vez que você resolver esses detalhes, pode começar a colher as recompensas que se prometeu assim que terminar o livro.

Beleza?

Agindo

Aqui fechamos o ciclo de responsabilização por suas ações e comportamentos, enfrentando as consequências integralmente. Porque fazer as pazes nem sempre terminará com "Eu estava errado" ou mesmo um "Sinto muito". Às vezes, você terá que reparar o dano de uma maneira mais tangível — como consertar algo que quebrou, substituir algo que perdeu, ou adotar uma série de ações mais responsáveis e comportamento maduro para reconquistar a confiança de alguém ao longo do tempo. E, não importa o que acontecer, se sua cagada demandar alguma limpeza, a responsabilidade não termina até que você tenha aprendido sua lição, para que não precise fazer tudo de novo. (E de novo.)

Vá limpar o seu quarto

Cartas na mesa: Tia Sarah é uma organizadora fervorosa e com certeza julgará você por deixar suas camisas limpas no chão ou seus pratos sujos na pia. Dito isso, também já declarei em vários lugares que aquilo que mais importa para você — ou, neste caso, o que não importa de jeito nenhum — deve ter precedência em relação à *opinião* de qualquer outra pessoa sobre como você escolhe levar sua vida.

Se não se importa de viver na sujeira (ou até mesmo numa leve desordem), e isso não está prejudicando mais ninguém, tudo bem. Siga o seu caminho.* Por mais que eu gostaria de encontrar uma maneira de justificar isso, não posso afirmar que ser um adulto se baseia em ser obcecado por organização.

Mas, quando se trata de amadurecer, ainda precisamos falar sobre **outros tipos de bagunça que você pode causar — aqueles que *afetam* outras pessoas — e como assumir a responsabilidade POR eles inclui LIMPAR essa bagunça.**

> Um Bebê de Verdade permite que outras pessoas limpem a bagunça dele porque ele mesmo não *consegue* fazer isso.

* Enquanto eu começo a suar frio pensando naquela meia garrafa de Gatorade que você está "armazenando" embaixo da sua cama.

Um Bebezão presume que outras pessoas farão o trabalho sujo, porque ele mesmo é péssimo nisso.

Um Adulto em Teoria que carece de proatividade e autossuficiência *espera e torce* para que outra pessoa cuide da sua bagunça, porque seria mais fácil. Nada bom, camarada, nada bom.

Um Adulto de Verdade assume o controle, toma a iniciativa e resolve essa bagunça de maneira engenhosa.

Por exemplo:

- **Imagine que você chegou ao trabalho esta manhã e descobriu que o site da sua empresa está fora do ar... e a culpa é sua. Ooops!**

Eu sei que é estressante, mas os ADV (especialmente aqueles que chegaram até aqui neste livro) têm as ferramentas para controlar suas emoções e lidar com os detalhes que mencionei. Talvez seja hora de fazer uma adorável e relaxante lista? Ou simplesmente de pegar o telefone ou entrar no chat com o provedor do seu site para descobrir quais medidas você pode tomar para consertar a situação — e então tomá-las! Se isso significa adiar algum trabalho menos urgente em sua agenda, então vá em frente, porque você acabou de adicionar "reorganizar as prioridades" à lista de ações adultas que você tomou hoje. Boa.

- **Você pegou emprestado o carro de um amigo e se envolveu em um acidente. Você está bem, mas o Fiat está todo ferrado.**

Essa é uma situação ruim para todos os envolvidos, mas, independentemente de ser o culpado pelo acidente, você é responsável por lidar com as consequências. Explicar o que aconteceu não é justificativa, e tudo mais.

Se você tinha permissão para pegar o carro (POR FAVOR, ME DIGA QUE TINHA), e seu amigo tem seguro (POR FAVOR, ME DIGA QUE TEM), então provavelmente o acidente está coberto — mas, ainda assim, alguém precisa lidar com toda a papelada e ficar na linha com a companhia de seguros pelo tempo que for necessário para processar a reclamação, e esse alguém é você.

Ah, e seu amigo vai precisar de transporte nas próximas semanas enquanto o carro estiver na oficina, então, se há alguma coisa que você possa fazer para conseguir um carro substituto para ele, ou conduzi-lo por aí, apenas faça.

- **Mesmo que o ame, você tem ignorado tolamente as necessidades expressas de seu parceiro por tanto tempo que o relacionamento está oficialmente por um fio.**

DICA PRÓ-ADULTO: O seguro de aluguel é tão barato — e tão valioso — pela proteção e tranquilidade que se recebe em troca. Alguns proprietários exigirão que você o tenha, mas, mesmo que não exijam, deveria considerar adquiri-lo. Além de poder substituir facilmente coisas que foram danificadas ou roubadas (e você *sabe* que não pode ficar sem o seu celular ou notebook por muito tempo), pode ser reembolsado por despesas de moradia, caso precise se mudar devido a danos causados pela água, por exemplo; ou por despesas médicas e legais para você (ou outra pessoa) que se machucar em sua casa; e ainda pode "agendar" extras como joias caras para serem cobertas conforme necessário. (Olá, anéis de noivado!)

Esse problema não vai se resolver sozinho, e certamente não é responsabilidade da outra parte resolvê-lo *para* você. Além disso, provavelmente será necessário mais do que um gesto único (mesmo que grandioso) para reverter e reparar o dano.

Se você chegou a este ponto porque não é tão bom em perceber pistas ou cumprir promessas, sugiro que releia a Parte II, para começar. Parece que um curso de atualização sobre autoconsciência, escuta ativa e cuidado, além de talvez a criação do hábito de passar as manhãs de domingo conversando com seu/sua amado/a durante o café em vez de ficar olhando para o celular, cairia bem para você. E depois, talvez, você poderia se aprimorar em "fazer o que disse que faria, quando disse que faria". Já ouvi dizer que isso funciona lindamente.

Seis dicas para manter seu quarto realmente limpo, porque não consigo me conter

1. Conte suas camisetas. X = número total de camisetas que você tem. Obtenha X mais dez cabides. Pronto, chega de camisetas limpas no chão. Pura *magia*.
2. Para as sujas, há algo chamado cesto. C-e-s-t-o. Procure saber.
3. Um aspirador de pó decente é um amigo para a vida toda. (E um portátil sem fio já dá pro gasto. Eu amo meu Shark WANDVAC mais do que a maioria das pessoas ama seus filhos.)
4. Se mais gente tivesse usado aqueles cupons de 20% de desconto para comprar espanadores Swiffer na Casa & Vídeo, talvez ela não estivesse indo à falência.
5. Assim como a arma de Tchekhov, se um porta-copos aparece na mesa no Ato I, é melhor ser usado.
6. Sinceramente, não acredito que preciso dizer isso, mas a menos que você goste de ficar com migalhas no meio do seu traseiro: PARE DE COMER NA CAMA. Simplesmente pare com isso.

Claro, espera-se que, se você estava prestando atenção e absorvendo todos os bons ensinamentos que o *Vê se cresce, p*rra!* tem a oferecer, futuras confusões — tanto literais *quanto* figurativas — serão resolvidas com o mínimo de estrago possível. **No entanto, se e quando chegar a hora de confessar o que aconteceu E assumir a responsabilidade, a maneira mais eficaz de lidar com isso é muito simples, que é a seguinte:**

1. Aja o mais rápido possível

Quanto mais tempo você deixar uma mancha se fixar, mais difícil será removê-la, e o mesmo vale para acidentes e manchas mais metafóricas. Se você sabe o que fez de errado, provavelmente outras pessoas também sabem. E cada dia que sua irmã precisa esperar você devolver os sapatos que *não* tinha permissão para pegar emprestados é mais um dia que ela terá para planejar sua vingança.

2. Faça direito

Você está prestes a gastar mais tempo, energia e/ou dinheiro para consertar algo com que você *já* gastou tempo, energia e/ou dinheiro quebrando. Não se prepare para a terceira rodada de um trabalho pela metade. Não foi isso que a Tia Sarah ensinou.

3. E faça você mesmo

É o mesmo motivo pelo qual precisa lidar *imediatamente* com o vaso sanitário que você mesmo entupiu no retiro de ioga: OS OUTROS NÃO SÃO OBRIGADOS A TER QUE FAZER ISSO.

A seguir, últimas considerações sobre aceitar críticas como um Adulto de Verdade.

Você aprendeu sua lição?

Vou encerrar o livro sobre como ser um adulto responsável mostrando a você uma maneira super fácil de refazer seus passos e descobrir onde errou para que isso nunca aconteça novamente. É realmente algo muito bom. Mas, primeiro, **que tal um truque bacana para evitar errar em primeiro lugar?**

Verifique seu trabalho

Na minha infância e adolescência, esse era um dos lemas favoritos do meu pai. O que faz sentido, já que ele era um professor de escola primária que precisava corrigir, de uma vez, 25 relatórios de livros e testes de matemática e, portanto, estava extremamente familiarizado com **os tipos de erros que uma revisão cuidadosa ou uma rápida recalculação poderiam ter evitado.**

Confesso que, quando essas palavras eram direcionadas a MIM (uma aluna nota 10 que ganhava pontos extras até com as mãos atadas), eu considerava essas três palavrinhas como um microgerenciamento dos meus já heroicos esforços para fazer o dever de casa —, mas, ainda assim, o homem estava certo. "Verifique seu trabalho" me serviu bem por décadas, para além de testes de ortografia e geometria.

Existem muitas situações na sua vida adulta em que **uma rápida verificação economizará muitas dores.** Cinco minutos revisando cuidadosamente uma fatura ou um itinerário é bem menos trabalhoso do que, depois, lidar com as consequências de enviar um pacote para o endereço incorreto ou chegar ao aeroporto errado.

DICA PRÓ-ADULTO: Se você tem um smartphone com a função de "relógio mundial", nunca mais será enganado pelos fusos horários. Não consigo dizer quantos anos passei tentando fazer cálculos mentais rápidos ao fazer reservas de viagem ou agendar uma ligação com um colega estrangeiro antes de perceber que meu iPhone simplesmente *me dizia* que diabos de hora era em Londres. Incrível.

Verificar para garantir que você conferiu todos os detalhes e cruzou todos os dados antes de clicar em COMPRAR é algo que você considera estressante? Talvez, mas pedir o sofá no tamanho errado e reservar passagens aéreas não reembolsáveis para o dia incorreto são coisas ainda mais estressantes, meu filho.

Pense que verificar seu trabalho é como prestar contas A si próprio antes que um possível erro tenha a chance de ocorrer.

E não queremos que ocorra uma "paralisia induzida pelo perfeccionismo paranoico" aqui — trata-se apenas de garantir que você agendou a coletiva de imprensa do seu chefe para o salão de festas do Hotel Four Seasons, e não para o estacionamento do Four Seasons Total Landscaping; ou que a mensagem sexy que está prestes a enviar contém o destinatário correto no campo "Para". (Uma maneira de evitar *aquele* momento de nervosismo no estômago é simplesmente remover o colega de trabalho chamado

"Jud" de seus contatos com o único propósito de nunca quase lhe enviar por engano mensagens privadas que eram destinadas ao seu marido "Judd". Não que eu saiba de alguma coisa sobre isso.)

Sim, meus queridos Adultos de Verdade, o Sr. Knight estava certo desde o início. Verificar seu trabalho e **olhar duas vezes antes de executar vai economizar seu tempo, energia, dinheiro, além de evitar aborrecimentos e constrangimentos** — e ainda poupará outras pessoas de tudo isso, sejam elas taxistas, grandes chefes ou apenas agentes literários desprevenidos chamados Jud.

E agora, como prometido, o passo final para assumir a responsabilidade e agir...

<rufem os tambores>

Apresento a vocês: o **Abecedário Reverso!**

Fácil como C, B, A

Uma razão pela qual esta etapa é tão fácil é porque eu já mostrei como fazê-la lá na página 34. Agora, você só precisa revertê-la, **e é *assim* que aprende sua lição.**

Para realizar um **"Abecedário Reverso", comece com as CONSEQUÊNCIAS reais** do erro que você cometeu e, em seguida, **retroceda para identificar os "BONS" COMPORTAMENTOS e as AÇÕES que desembocaram nisso.** Lembre-se do que eu disse antes sobre pensamento crítico e coleta de dados a partir de sua experiência vivida: o benefício da retrospectiva é aumentar a perspicácia. **O Abecedário Reverso de hoje torna-se o Abecedário de amanhã, e seus resultados parecerão mais promissores do que nunca.** Por exemplo:

CONSEQUÊNCIAS: O site do trabalho estar fora do ar não foi apenas algo ruim, também foi um *inferno* para consertar.

COMPORTAMENTOS e/ou AÇÕES QUE COLOCARAM VOCÊ NESSA SITUAÇÃO: Acontece que, na semana passada, você não leu o e-mail do seu provedor informando que eles mudariam de servidores e que seria preciso mexer com o DNS ou algo assim (sei lá, estou apenas improvisando aqui) para garantir que o site pelo qual *você* era responsável fosse transferido adequadamente.

Agora, por que você não leu o e-mail? Foi parar na sua pasta de spam? Se sim…

O QUE APRENDEU? Você deve marcar esse remetente como "seguro" para evitar que isso se repita e depois verificar sua pasta de spam e fazer o mesmo para qualquer outra mensagem importante que possa ter ficado por ali. Além disso, talvez seja uma boa ideia criar o HÁBITO de dar uma olhada nessa pasta uma vez por semana, apenas por precaução. Pronto, foi fácil.

(Por outro lado, se você perdeu o memorando quando ele estava bem na sua caixa de entrada — porque não está prestando muita atenção nas coisas —, então "o que você aprendeu" é que deveria parar de ser descuidado com correspondências importantes, em vez de apenas "esperar que não aconteça de novo", que é a prática comum dos Bebezões pelo mundo afora.)

Aqui estão mais alguns exemplos para ajudar você a praticar esse método:

CONSEQUÊNCIAS: Você ficou sem gasolina à beira da estrada e teve que caminhar dez quilômetros de ida e volta até um posto de gasolina para comprar um galão de gasolina comum.

COMPORTAMENTOS e/ou AÇÕES QUE COLOCARAM VOCÊ NESSA SITUAÇÃO: Não foi nem porque estava sem grana nesta economia miserável; você simplesmente ignorou o indicador por mais tempo do que o recomendado. Droga.

O QUE APRENDEU? Aquele pequeno sinal vermelho está lá por um motivo, não é para ser tratado com descaso, e a procrastinação vai lhe dar bolhas nos pés.

*

CONSEQUÊNCIAS: Você desperdiçou o terceiro pacote de espinafre não utilizado este mês *e* teve que limpar a gosma de espinafre podre e fedorenta na gaveta da geladeira. Que nojo.

COMPORTAMENTOS e/ou AÇÕES QUE COLOCARAM VOCÊ NESSA SITUAÇÃO: Mais uma vez, você comprou produtos frescos sem um plano para cozinhá-los antes que estragassem.

O QUE APRENDEU? Eu imagino que a resposta seja "Planejar o cardápio primeiro e *depois* ir ao supermercado" ou "Eu não posso confiar em mim mesma para comer produtos frescos e deveria parar de fingir que me importo com salada". Talvez as duas coisas!

Eu venho dizendo isso o tempo todo. Suas ações e comportamentos têm consequências, e VOCÊ tem o poder de influenciar essas consequências pensando em tudo com antecedência — mas, se não conseguiu fazer isso direito, **o "Abecedário Reverso" é sua segunda chance de ser visto como um Adulto de Verdade.**

O que foi que eu disse? É tão fácil quanto tirar doce de Bebês de Verdade.

* * *

É isso, jovem. Está oficialmente preparado para sair por aí e ser um adulto responsável. Estou muito orgulhosa de você por ter chegado até aqui! E devo admitir que estou empolgada para ver, ao longo dos anos, este livro repleto de palavrões inspirar muitos de vocês a crescerem de forma madura, sendo responsáveis e se responsabilizando — e talvez até salvando o mundo no processo. Como você sabe, a Tia Sarah espera se aposentar em circunstâncias globais minimamente razoáveis, então agradeço antecipadamente por tudo o que puder fazer para ajudar a tornar isso possível. Você é maravilhoso!

DICA PRÓ-ADULTO: Em relação à nossa conversa anterior sobre "saber usar papel filme sem querer jogá-lo pela sala em um acesso de raiva", conduzi algumas pesquisas empíricas sobre esse tópico, e aqui está a conclusão que alcancei: o papel filme é obra do diabo. Expulse-o da sua vida e não olhe para trás. Existem outras maneiras de manter os alimentos frescos e evitar que o cheiro de cebola invada sua geladeira. Aquelas embalagens de restaurante com tampas intercambiáveis? Transformadoras! O mesmo conselho vale para "saber dobrar lençóis com elástico", aliás. Basta enrolá-los e enfiá-los na gaveta. Não vou contar para ninguém.

EPÍLOGO: Hora de todo mundo tentar!

Lembra quando você fazia viagens longas de carro na infância, e seus pais o incentivavam a "pelo menos tentar" usar o banheiro antes de sair de casa?

Isso porque eles tinham cabeça para pensar à frente, antecipar consequências e tomar medidas responsáveis para orquestrar o melhor resultado para todos os envolvidos — que eram a) não ter que fazer uma parada não programada e fora do caminho em um posto de gasolina duvidoso e b) não ter nenhum acidente no estofamento do carro.

Às vezes isso funcionava, você conseguia ir ao banheiro, e então partiam. Outras vezes, sua bexiga simplesmente não cooperava até que estivessem no meio da rodovia sem uma saída à vista, e você teria que implorar para seu pai parar antes que você encharcasse tanto a si mesmo quanto o banco da frente do Nissan, e ele lhe diria que não podia ser tão ruim assim e que era por isso que era preciso tentar ir ao banheiro antes de entrar no carro (e você tentou!!!) e agora tinha que segurar.

Trinta anos depois, você ainda ficará extremamente irritada com essa situação e aproveitará a oportunidade para criticá-lo em seu livro, mas como você é uma ADULTA MADURA, também transformará essa anedota em um momento educativo para seus leitores.

Sendo assim, gostaria de apontar uma última observação sobre o que é preciso para ser totalmente adulto.

A vida, veja bem, é basicamente uma longa viagem de carro. E, agora que é o adulto no banco do motorista, cabe a você navegar em prol de seu benefício, sua vontade e sob seu controle. Você planeja a rota. Faz as malas do carro. Enche o tanque. E chega do ponto A ao ponto Z na hora — ou o mais próximo possível da hora, tendo quase certamente encontrado e superado alguns desvios inesperados ao longo do caminho.

Ou, pelo menos, você *tenta.*

É isso. Esse é o segredo para agir como um adulto e ser tratado como tal. Eu até dei uma pequena dica no fluxograma da página 67, onde todo esforço para "tentar novamente" coloca você no caminho para ser um ADV. Claro, espero que você pegue e aproveite um monte dos conselhos extremamente úteis e especializados que ofereci nestas páginas, mas, quer saber? Se puder simplesmente provar que está disposto a tentar, então ninguém mais terá motivo para xingar você em uma pesquisa anônima sobre Bebezões e suas atitudes de merda.

Adultos de Verdade descobrem o que querem e, pelo menos, tentam consegui-lo.

Adultos de Verdade veem uma necessidade e, pelo menos, tentam atendê-la.

Adultos de Verdade têm problemas e, pelo menos, tentam encontrar soluções.

Adultos de Verdade ficam desapontados e, pelo menos, tentam superar isso.

Adultos de Verdade cometem erros e, pelo menos, tentam aprender com eles.

Às vezes o pneu, literal ou metaforicamente, vai furar. Outras, você vai pegar um caminho errado ou ficar sem gasolina. E ainda outras, apesar de sua tentativa diligente, você não conseguirá se esvaziar em casa e agora terá que parar no McDonald's da rodovia para usar o McBanheiro.

*C'est la pee**, como dizem os franceses. Essas coisas acontecem. Mesmo os ADV mais cascudos não têm sucesso em *tudo o tempo todo*. Mas, desde que você se comprometa a permanecer autoconsciente e praticar o autocontrole, pensar nas coisas da melhor forma possível e tomar a iniciativa quando puder, ser confiável, engenhoso e se dispor a assumir e limpar suas bagunças quando as fizer, aí está toda a evidência de que a Tia Sarah precisa para ver que você cresceu pra caramba…

Bom trabalho. Pelo menos você tentou.

ASSIM COMO EU FIZ ANTES DE ENTRARMOS NO CARRO, PAI.

* [N. da T.] Trocadilho com a expressão *c'es t la vie* ("a vida é assim", em francês) e a palavra *pee* ("xixi", em inglês)

VÊ

SE

CRESCE, P*RRA!

Índice